Werner Rau

WEEKEND/REGIONAL TOURS
Schwäbische Alb
Bad Urach
Münsingen
Grosses Lautertal
und das Lonetal,
Blaubeuren

Werner Rau

WEEKEND/REGIONAL TOURS

SCHWÄBISCHE ALB
BAD URACH, MÜNSINGEN GROSSES LAUTERTAL UND DAS LONETAL, BLAUBEUREN

Wohin am Wochenende
mit Van-Camper und Wohnmobil?
Sehenswertes, Stellplätze, Camping,
wandern, radeln, erholen. Steig ein!

Mit GPS-Koordinaten

WERNER RAU VERLAG

Idee, Layout, Text, Karten, Stadtpläne und Fotos (falls nicht anders gekennzeichnet): Werner Rau
Titelgestaltung: HitzArtworks, 72667 Schlaitdorf

1. Auflage 2022/2023

Herstellung: Druckerei & Verlag Steinmeier, 86738 Deiningen
Printed in Germany

ISBN 978-3-926145-97-0
Geo Nr. 663 10198

Wir lassen nicht im Ausland drucken! Wir nehmen die Dienste heimischer Anbieter in Anspruch – der Umwelt und dem „ökologischen Fußabdruck“ zuliebe.

INHALT

Zum kennen lernen

Mobil reisen 10
– Check rund ums Wohnmobil 10
– Sicher unterwegs 11
– Thema Wohnmobilstellplatz 12
– Unterwegs mit einem Mietmobil 13
– Informationen zu GPS-Navigationskoordinaten 15

Anreise

Anreise über Münsingen ins Lautertal 16
– Mit dem Auto/Wohnmobil 16
– Mit der Bahn 16
AlbCard 20

Weekend-/Regionaltours – Schwäbische Alb / Lauter- und Lonetal

Schwäbische Alb 21
– Klima und beste Reisezeit 29
Radtouren 30
– Rad-Wander-Busse 31
– Tipps zu Radtouren 32
Tour 1, Münsingen – Offenhausen – Buttenhausen – Münsingen 34
– Sehenswertes 36
– Praktische Hinweise 40
– Biosphärengebiet Schwäbische Alb 42
– – Spaziergang nach Gruorn 48
– Falkensteiner Höhle 52
– Große Lautertour 54
– Gestütshof Offenhausen 55
– Abstecher nach Steingebronn zum „Steinernen Brunnen“, zum Aussichtsberg „Sternberg“, zur Gedenkstätte Grafeneck und zum Haupt- und Landgestüt Marbach 58
– Abstecher zum Bauernhausmuseum Ödenwaldstetten 63

– Buttenhausen ... 69

Tour 2, Buttenhausen – Indelhausen – Hayingen ... 75
– Hundersingen ... 78
– Bichishausen ... 79
– – „Bürzel“-Aussichtspunkt ... 79
– Gundelfingen ... 79
– Indelhausen ... 87
– Hayingen ... 87
– – Ausflug zum Digelfeld und Wanderung zum Glastal ... 92
– – Wimsener Höhle ... 93

Tour 3, Indelhausen – Lauterach – Blaubeuren ... 96
– Spaziergang durchs Lautertal ... 96
– – Wolfstal ... 104
– Abstecher zum Schloss Mochental ... 109
– Munderkingen ... 113
– Abstecher nach Ehingen/Donau, nach Schelklingen, Herrlingen und nach Blaubeuren ... 116
– Ehingen (Donau) ... 116
– – Praktische Hinweise ... 123
– Schelklingen ... 124
– Blaubeuren ... 127
– Spaziergang durch die Altstadt von Blaubeuren ... 135
– – Praktische Hinweise ... 137
– Wandern rund um Blaubeuren ... 138
– Spaziergang zur Lautermündung ... 139
– Kloster Obermarchtal ... 142
– Abstecher nach Zwiefalten ... 145
– – Praktische Hinweise ... 146

Tour 4, Das Lonetal ... 147
– Abstecher nach Herrrlingen, nach Lautern und zum Quelltopf der Kleinen Lauter ... 148
– Abstecher nach Berghülen-Bühlenhausen ... 149
– Blaustein-Herrlingen ... 150
– Umweg über Dornstadt und Lonsee zur Lonequelle in Urspring ... 154
Bernstadt ... 155

Langenau 155
– Praktische Hinweise - Langenau 158
Rammingen-Lindenau 159
Tal der Lone 161
Archäopark Vogelherd 165
Warum Reiseführer aus dem Werner Rau Verlag? 166
Zeichenerklärung 167
Register 168
Raus Reiseführer „Mobil Reisen“, und „Regional Tours“. 172

Extra Infos

Gustav Mesmer - „Der Ikarus vom Lautertal“ 73

Karten und Stadtpläne

Die Schwäbische Alb - Lautertal und Lonetal Gesamtouren .... Umschlag vorne
Schwäbische Alb - Lautertal- und Lonetal-Routen .... Umschlag hinten

Blaubeuren 130
Hayingen 88
Ehingen(Donau) 117
Munderkingen, Altstadt 113
Schwäbische Alb 21
Münsingen Zentrum 36
Münsingen-Auingen Biosphärengabiet 43
Tour 1, Münsingen – Offenhausen – Buttenhausen 35
Tour 2, Buttenhausen – Indelhausen – (Hayingen) 75
Tour 3, Indelhausen – Lauterach – Blaubeuren 97
Tour 4, Das Lonetal 148

Mit dem Wohnmobil unterwegs auf der Schwäbischen Alb

MOBIL REISEN

Kaum eine andere Art zu reisen bietet so viel Freiheit und Unabhängigkeit wie das Reisen mit Wohnmobil oder Van-Camper.

Abreisen wann und wohin Sie wollen. Mal schnell übers Wochenende zu einem Fest in der Nähe. Ein spontaner „Last Minute Trip" mit dem Wohnmobil bietet sich immer an – ganz ohne große Vorbereitung. Unabhängig von Ort zu Ort touren.

Wohin geht die nächste Reise?

Wir haben Ihnen schon mal eine Auswahl der schönsten Touren rund um und durch das Lautertal bis zum Blautopf in Blaubeu-ren und zur „Venus vom Hohlefels" zusammengestellt.

Nun kann man natürlich darüber streiten, welches „die schönsten Touren" nun tatsächlich sind. Geschmäcker sind bekanntlich verschieden. Der eine liebt bezaubernde Landschaften, in denen es sich wandern und radeln lässt, der andere begeistert sich für architektonische Kleinodien, Burgen und Schlösser, wieder andere stehen auf Kunst und Museen oder richten ihren Reiseplan nach kulinarischen Vorlieben aus – all das ist auf dieser Tour zu finden.

Natürlich haben wir auch Camping- und Wohnmobil-Stellplätze besucht und beschrieben.

Und damit Sie sich unterwegs auch gut zurechtfinden, haben wir GPS-Koordinaten vor Ort erfasst.

Warum nicht einfach einsteigen, losfahren und genießen?

Check rund ums Wohnmobil

TÜV ok? Gasprüfplakette gültig?

Zustand der Bereifung prüfen.

Genügend Profiltiefe? Bei Reisen im Winter evtl. Anlegen der Schneeketten testen/üben!

Reifendruck prüfen, auch am Ersatzrad.

Sind Metallventile angebracht?

Bremsen und Handbremse ok?

Beleuchtung prüfen (Stand-, Fahr- und Fernlicht, Bremslichter, Blinker etc.), auch am Hänger, Caravan. Ersatzglühbirnen besorgen.

Batterie ok?

Ölstand? Passendes Motorenöl zum evtl. Nachfüllen besorgen.

Kühlflüssigkeit ok?

Scheibenwaschanlage funktionsfähig und gefüllt? Frostschutzmittel im Winter?

Wischerblätter ok?

Warndreieck und Warnwesten vorhanden?

Wasserpumpen im Wohnmobil ok und dicht?

Leitungen spülen.

Frischwassertank reinigen und füllen.

Abwassertank desinfizieren, Ablasshahn funktionsfähig und dicht?

Wasserpumpe an Toilette ok?

Desinfektionsflüssigkeit für Chemikaltoilette vorhanden?

Boiler auf Funktion prüfen.

Elektrizität im Wohnmobil prüfen!

Batterie ok? Solarpanele funktionsfähig?

Alle Lampen und Schalter testen.

Heizung, Kühlschrank, Klimaanlage, Ventilatoren prüfen.

Gasprüfung (Plakette, Bescheinigung) ok?

Gasschlauch und Druckregler evtl. erneuern.

Gasflaschen gefüllt?

Funktion des Herdes prüfen.

Dachhauben und Fenster prüfen (Rollos, Fliegenschutzgitter, Verschlüsse, Dichtigkeit).

Achten Sie beim Beladen des Fahrzeugs auf das zulässige Gesamtgewicht des Wohnmobils. Im Zweifelsfall lieber mit reisefertig beladenem Fahrzeug auf eine öffentliche Waage fahren.

Sicher unterwegs

Versichern Sie sich, dass vor Abfahrt ausgefahrene Trittstufen immer eingefahren und Fernsehantennen umgelegt sind!

Prüfen Sie, ob Ihr Navigationsgerät mit den neuesten Karten für die Regionen Ihrer Reise bestückt ist. Verlassen Sie sich aber nicht immer blindlings auf die Angaben des Navigationsgerätes. Gegenprüfungen mit Straßenkarten sind manchmal sinnvoll.

Planen Sie nicht zu lange Tagesetappen mit ausreichend Zwischenstopps/Ruhepausen ein.

Der Stellplatz in Blaubeuren

Bieten Sie schnelleren Fahrzeugen immer wieder mal die Möglichkeit zum Überholen.

Nicht selten sind Wohnmobile auf Reisen bis an die Grenze des zulässigen Gesamtgewichtes beladen. Das beansprucht Fahrzeug, Motor, Reifen und Bremsen. Es empfiehlt sich bei langen Bergabfahrten herunterzuschalten und die Bremswirkung des Motors zu nutzen.

Bei der Auswahl Ihres Stellplatzes, sei es auf einem Campingplatz oder auf einer Wiese zum Freistehen abseits befestigter Wege, denken Sie an das Gewicht Ihres Fahrzeuges. Auf feuchtem, weichem, sandigem Untergrund besteht die Gefahr des Einsinkens.

Denken Sie an den Heimtierausweis (und evtl. Impfungen), falls Sie mit Haustieren reisen.

Und Anschnallen nicht vergessen!

Thema Wohnmobilstellplatz

Unterwegs sollte man keinesfalls auf Privatgelände nächtigen, ohne vorher die ausdrückliche Erlaubnis des Eigentümers eingeholt zu haben!

Stellplätze der ganz einfachen Art bieten keinerlei wohnmobilspezifische Einrichtungen, weder Ver- und Entsorgungseinrichtungen, noch Frischwasser, Stromanschlüsse oder gar Sanitäranlagen.

Bessere Stellplätze bieten zumindest eine Möglichkeit Wohnmobilabwässer zu entsorgen und Frischwasser aufzunehmen. Meist sind dazu Multifunktionssäulen installiert.

An diesen Ver- und Entsorgungssäulen sind Strom und Frischwasser meist nur gegen Gebühr zu bekommen. Der Ausgussschacht für Chemikaltoiletten ist an diesen Säulen aber fast immer frei nutzbar.

Nicht immer sind Wasserhähne mit einem Schlauch versehen. Gießkanne, Faltwassersack oder eigenen Schlauch mitnehmen!

Seltener findet man auf Stellplätzen richtiggehende Sanitäranlagen, z. B. mit WC und Warmduschen.

Stellen Sie Ihr Fahrzeug auf dem Stellplatz bitte so ab, dass noch Platz für andere Stellplatznutzer bleibt. Schon aus Sicherheitsgründen (Feuer) sollte ein Mindestabstand von drei Metern gewahrt werden.

Respektieren Sie bitte, wenn auf Stellplätzen ein „Campingverhalten" nicht erlaubt ist. Markisen, Tische und Stühle, Grill etc. dürfen dann nicht benutzt bzw. aufgestellt werden.

Stromkabel sollten so verlegt werden, dass sie nicht zur Stolperfalle werden.

Abfälle und Abwässer welcher Art auch immer gehören grundsätzlich nicht in den Straßengraben, sondern immer in die speziell dafür vorgesehenen Entsorgungsstationen oder Behälter. Sind die Behälter voll, nehmen Sie Ihren Abfall bitte mit bis zum nächsten Müllbehälter. Keine gute Idee ist es, volle Abfallsäcke neben die Abfalltonne zu stellen. Raben, oder andere Vögel oder Tiere, machen sich daran zu schaffen und verstreuen den Inhalt dann auf dem ganzen Platz.

Verwenden Sie bitte keine Generatoren außerhalb Ihres Fahrzeugs und wenn doch, dann bitte nur zeitlich eng begrenzt und nicht nachts. Ihre Platznachbarn werden dankbar über die Rücksichtnahme sein.

Und wenn Sie sich länger in einer Gegend aufhalten wollen, versuchen Sie es doch mal auf einem Campingplatz.

Unterwegs mit einem Mietmobil

Gewöhnlich gilt ja die Ansicht, dass ein Wohnmobil nicht groß genug sein kann, um allen Mitreisenden, auch bei schlechtem Wetter, ein gemütliches rollendes Heim zu sein.

Andererseits wird vor allem der Fahrer über jeden Zentimeter froh sein, den das Wohnmobil kürzer oder schmäler ist, wenn er durch enge Ortschaften oder über enge Landsträßchen zu abgelegenen Stränden oder Sehenswürdigkeiten fahren muss.

Außer, dass Sie die Reservierung eines Mietmobils so früh wie irgend möglich vornehmen sollten, damit Sie auch noch das Modell auswählen können, das Ihren Vorstellungen am ehesten entspricht, wäre bei einem Urlaub mit dem Mietmobil auch daran zu denken, dass die Vorbereitungen, das Beladen und am Ende der Reise das Ausräumen und Reinigen den einen oder anderen Urlaubstag kosten kann.

Falls Sie noch nie mit einem Wohnmobil unterwegs waren, lassen Sie sich bei Übernahme des Fahrzeugs/Mietmobils umfassend einweisen.

Wie funktionieren die Installationen im Fahrzeug (Kühlschrank, Heizung, Boiler, Dusche, Klimaanlage, Bettenbau etc.).?

Sind die Gasflaschen gefüllt? Wo sind die Absperrhähne der Gasflaschen?

Ist ein langes Stromkabel vorhanden (Kabeltrommel), mit ECC-Adapter? Evtl. an entsprechenden Zwischenstecker denken.

Wie funktioniert das Befüllen des Frischwassertanks? Ist evtl. ein Schlauch vorhanden?

Wie funktioniert die Entleerung des Abwassertanks?

Wie funktioniert das Befüllen und das Entleeren der Chemikaltoilette?

Falls vorhanden, wie funktioniert das Navigationsgerät im Fahrzeug?

Sind Auffahrklötze zum Nivelieren das Fahrzeugs auf unebenem Untergrund vorhanden?

Falls Sie sehr früh oder sehr spät im Jahr unterwegs sein werden, können die Nächte mitunter ungemütlich kalt werden, eine funktionierende Heizung und ein ausreichender Gasvorrat sind dann überaus beruhigend.

Das Urgeschichtliche Museum URMU mit Touristeninformation in Blaubeuren

INFORMATIONEN ZU GPS-NAVIGATIONSKOORDINATEN

Ein Wort zu den GPS-Daten

Alle unsere GPS-Koordinaten sind im System WGS 84 („World Geodetic System 1984“), einer der beiden internationalen Standards für Koordinatensysteme (neben UTM), erfasst.

Bitte beachten Sie: Die Genauigkeit der Routenführung durch das Navigationssystem hängt auch von der Genauigkeit und Aktualität des in Ihrem Navigationsgerät vorhandenen Kartenmaterials ab.

Minuten/Sekunden ändern in Dezimalkoordinaten

Alle Navigationsdaten in diesem Buch sind im Format Grad/Minuten/Sekunden angegeben. Falls Sie Navigationskoordinaten in Ihr Navigationsgerät evtl. nur als Dezimalkoordinaten eingeben können, ist das kein größeres Problem.

Koordinaten lassen sich von Grad/Minuten/Sekunden (so wie in unseren Reiseführern dargestellt) relativ einfach „per Hand“ in Dezimalkoordinaten umrechnen und müssen dann gewöhnlich auch von Hand in das Navigationsgerät eingegeben werden.

– Da das Minuten/Sekunden-System in 60er Schritten geht, darf man die Minuten- und Sekunden-Markierungen nicht einfach ignorieren und daraus Dezimalkoordinaten machen, sondern man muss die Daten durch 60 teilen. Umgekehrt ist das auch von Dezimalwerten in Minuten/Sekunden möglich (multiplizieren).

Beispiel: Grad/Minuten/Sekunden-Format: z. B. N39° 29′ 12.6″ wird so zum Dezimalformat: 29 : 60 = 0,48, 12.6 : 60 = 0,21. Das wieder zusammengesetzte Format zeigt nun die Dezimalkoordinate: N39,4821°.

Oder: E20° 15′ 34.2″ – entspricht dann E20,2557° (alle Angaben ohne Gewähr).

Sollten Sie Koordinatenformate konvertieren wollen, können Sie sich eines der **Konvertierungsprogramme** bedienen, die Sie kostenlos aus dem Internet herunterladen können, wie z. B.

GPS Babel https://www.gpsbabel.org (Englisch)
Routeconverter https://www.routeconverter.de (Deutsch)
Garmin POI-Loader https://www.garmin.com/products/poiloader (Englisch)

Im Reiseführer sind die Koordinaten wie folgt dargestellt:
Beispiel: [N68° 23′ 23.7″ E14° 25′ 20.4″]

Koordinaten in diesem Reiseführer, die in Orten/Städten angegeben sind, sind als Anhaltspunkte zur Orientierung mit Handnavigationsgeräten bei Stadtrundgängen gedacht. Sie bedeuten NICHT, dass diese Ziele (Wegpunkte) auch immer (Ausnahme Campings oder Wohnmobil-Stellplätze) mit dem Auto zu erreichen sind!

Gelegentlich steht vor der Koordinate das Wort „Parkplatz“, **z. B. [Parkplatz, N70° 10′ 40.0″ E25° 17′ 49.0″]**. Damit wird darauf hingewiesen, dass sich bei oder ganz in der Nähe des Punktes ein Parkplatz befindet. Die Koordinate bezieht sich dann auf den Parkplatz. Vom Parkplatz können es noch ein paar Meter Fußweg bis zum eigentlichen Ziel sein.

Obwohl wir bei der Erfassung von GPS-Koordinaten größte Sorgfalt walten lassen, können wir für die Richtigkeit der in unseren Reiseführern angegebenen GPS-Koordinaten sowie für evtl. daraus resultierende Ereignisse durch Missweisungen keine Haftung übernehmen.

ANREISE ÜBER MÜNSINGEN INS LAUTERTAL

Mit dem Auto/Wohnmobil

Am einfachsten nimmt man die Autobahn bis zum **Leonberger Dreieck [N48° 47′ 2.18″ E9° 0′ 49.31″]** (A81 aus Richtung Heilbronn, A8 aus Richtung Karlsruhe).

Vom Leonberger Dreieck weiter auf der Autobahn A8 über das Autobahnkreuz Stuttgart (A8/A81) Richtung München bis zur **Ausfahrt Merklingen**. Von der Ausfahrt Merklingen auf der Landstraße L230 vorbei an Laichingen bis nach **Münsingen**.

Oder man fährt ab der **Autobahnausfahrt Stuttgart-Degerloch** über die B27 zunächst Richtung Reutlingen, verlässt die B27 aber bei Aichtal und wechselt auf die B312 bis **Metzingen**. Ab dem Verteiler Metzingen Südwest [N48° 31′ 34.25″ E9° 15′ 33.12″] geht es auf die B28 bis **Bad Urach** und weiter auf der B465 über Seeburg bis **Münsingen.**

Die besuchenswerte Stadt Münsingen ist einer der Ausgangspunkte für unsere Tour durchs Lautertal. Von Münsingen fährt man westwärts über Gomadingen nach Offenhausen. In Offenhausen entspringt beim Gestütshof das Flüsschen Grosse Lauter, dem wir bis zur Mündung in die Donau folgen.

Mit der Bahn

Ab dem in jüngster Zeit arg in die Schlagzeilen geratenen **Stuttgarter Hauptbahnhof**

Mit der Bahn auf die Schwäbische Alb

(Stuttgart 21), verkehren Regionalzüge über Esslingen/Neckar und Plochingen nach Metzingen und weiter nach Tübingen. Zuvor steigt man in Metzingen in die Regionalbahn (www.naldo.de) nach Bad Urach um. Von Bad Urach verkehren Regiobusse (Linie X2) täglich im Stundentakt nach Münsingen (Busse mit Fahrradtransport sind im Fahrplan markiert, Fahrpläne unter https://www.naldo.de/fahrplan/tub_510x2m_j21_.pdf). In Zügen ist die Fahrradmitnahme begrenzt möglich.

Die Regionalbahn von Metzingen nach Bad Urach führt in der Regel nur 2. Klasse.

Eine Bahnfahrt von Stuttgart nach Bad Urach dauert auf der Strecke über Plochingen und Metzingen gewöhnlich rund eine Stunde, zusätzlich der Zeit für die Busfahrt nach Münsingen (Fahrzeit knapp eine halbe Stunde).

Auf der im naldo-Freizeitnetz verkehrenden Ermstalbahn von Metzingen nach Bad Urach können Sie an Wochenenden (Samstag, Sonntag sowie an Feiertagen) Ihr Fahrrad kostenlos mitnehmen. Unter der Woche (Montag bis Freitag) ist das bei Abfahrten vor 6 Uhr morgens und nach 9 Uhr morgens möglich.

Fahrplanauskünfte für Baden-Württemberg (nvbw) findet man unter www.efa-bw.de.

2020 eingeführt, die Gästekarte Albcard

Im Tal der Großen Lauter, bei Anhausen

ALBCARD

Wer die Schwäbische Alb lieber mit Bus und Bahn, als mit dem Auto bzw. Wohnmobil erleben will, für den kann die erstmals am 1. Juli 2020 eingeführte AlbCard, die Gästekarte für die Schwäbische Alb, interessant sein. Einer der Werbesprüche der AlbCard ist: „Alb Inclusive Urlaub: Bus, Bahn & Erlebnisse gratis".

Die naldo Verkehrsverbund Neckar-Alb-Donau GmbH schreibt über die AlbCard: „... mit ihr können Übernachtungsgäste (bei Buchung bei bislang mehr als 100 dem System angeschlossenene Hotels, Ferienwohnungen, Campingplätzen) ab sofort den öffentlichen Personennahverkehr zwischen Tuttlingen im Süden, Tübingen im Westen, Aalen im Norden und Ulm im Osten kostenlos nutzen. Zusätzlich erhalten Sie mit der AlbCard kostenfreien Eintritt bei über 150 Top-Sehenswürdigkeiten und Attraktionen der Schwäbischen Alb (wie z. B. Alb Thermen, Bärenhöhle, Haupt- und Landgestüt Marbach).

Ihre AlbCard erhalten Sie direkt beim Check-In vom teilnehmenden Gastgeber. Diese ist dann für die gesamte Aufenthaltsdauer in allen Bussen und Bahnen der Ferienregion Schwäbische Alb, sowie in der Stadt Neu-Ulm als Fahrausweis der 2. Klasse gültig. Wichtig: Die AlbCard kann zur Abreise, jedoch nicht zur Anreise genutzt werden. Wahlweise kann sie auch auf das eigene Smartphone übertragen werden."

Zudem kommen Besitzer der AlbCard – beim Check-In schenkt Ihnen Ihr AlbCard Gastgeber die komfortable AlbCard mit der Sie „während der Dauer ihres Aufenthalts auf der Alb in den Genuss einer „albweit freien Fahrt mit Bus und Bahn" kommen. Ohne Parkplatzprobleme können Sie so Ihr Ausflugsziel ansteuern.

„Das Beste: Außerhalb des Berufsverkehrs (Mo - Fr von 6:00 und 9:00 Uhr) ist die Fahrradmitnahme auf vielen Bahnstrecken mit der AlbCard kostenlos möglich."

Näheres über die AlbCard erfährt man unter www.albcard.de.

DIE SCHWÄBISCHE ALB

Es sei vorausgeschickt, dass sich dieser Reiseführer mit touristisch bedeutsamen Regionen der sog. „Mittleren Schwäbischen Alb“ befasst, die seit 2019 mit der Auszeichnung „Deutschlands Naturwunder“ prämiert wurde. Und die Große Lauter samt ihren bezaubernden Tallandschaften wurden ihm Rahmen von „Wilde Bäche und Flüsse“ gleich mit ausgezeichnet.

Ludwig Uhlands (1787 - 1862) Zeile „ ... viel Steine gab's und wenig Brot ...“ aus seinem Gedicht „Schwäbische Kunde“ über Kaiser Barbarossas Kreuzzug ins Heilige Land, könnte gut auch auf die Schwäbische Alb passen.

Rauhes Klima, karge Böden und Wasserarmut machten das Leben auf der Alb – von vielen auch als „rauhe Alb“ bezeichnet – schon immer schwer und entbehrungsreich.

Die wasserarme Schwäbische Alb, eine uralte Karstlandschaft, liegt im Südwesten Deutschlands und südlich der baden-württembergischen Landeshauptstadt Stuttgart.

Aber trotz ihrer Wasserarmut ist man umso erstaunter, wenn

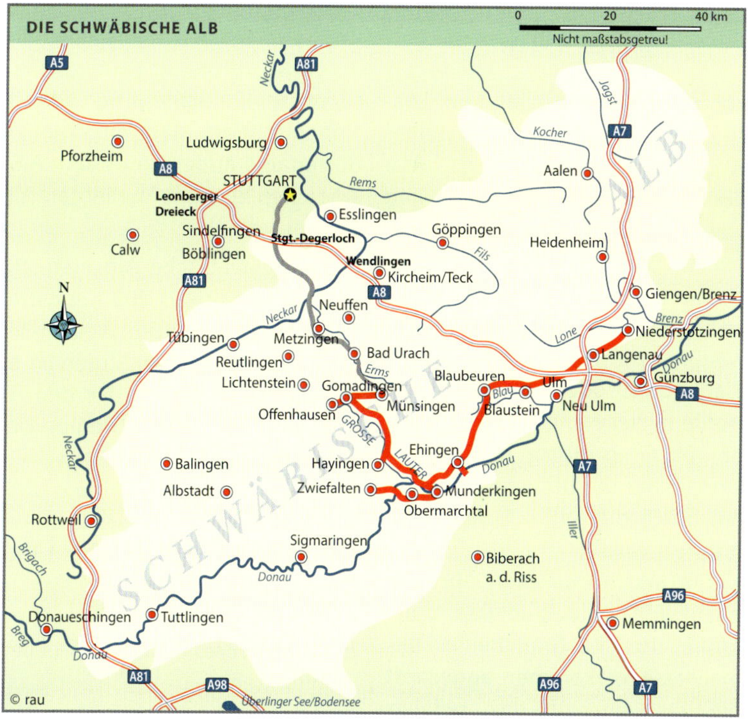

Am Blautopf in Blaubeuren

von Wasserfällen wie dem Uracher Wasserfall, dem Gütersteiner Wasserfall bei Bad Urach oder dem Neidlinger Wasserfall und von wasserführenden Höhlen auf der Alb hört, wie etwa der Falkensteiner Höhle zwischen Bad Urach und Grabenstetten, oder – etwas weiter entfernt – vom Blautopf bei Blaubeuren oder der Wimsener Höhle in der Nähe von Hayingen, der einzigen Höhle in Deutschland, in der der Besucher mit Booten durch die relativ kurze Höhle bugsiert wird.

Und erst vor wenigen Jahrzehnten (1969) wurden in Bad Urach große, über 60 Grad heiße Thermalwasservorkommen angezapft, die Urach einerseits dazu befähigte, vor seinen Stadtnamen das anziehende Wort „Bad" einfügen zu dürfen und andererseits dem Albstädtchen zu seiner beliebten Alb Therme verhalf.

Die Schwäbische Alb erstreckt sich über mehr als 200 Kilometer vom Schwarzwald im Westen bis ins Ries im Osten. Im Süden ist es das Donautal und im Norden ist es der Neckar, die die Region begrenzen.

Schon vor 200 Millionen Jahren tummelten sich hier Lebewesen. In grauer Vorzeit lebten hier Saurier und Urfische, die sich in den damals tropischen Gewässern des Jurameeres zwischen Seelilien wohlfühlten.

Ganz wunderbar anzusehende, aber auch mühsam und zeitaufwendig aus den Kalkablagerungen und Sedimenten wieder ans Tageslicht gebrachte Fossilien aus der Urzeit sind im **Urweltmuseum Hauff [Parkplatz, N48° 38‘ 07.6“ E9° 31‘ 43.1“]** in Holzmaden, ganz in der Nähe von Kircheim unter Teck, zu sehen *(Aichelberger Straße 90, 73271 Holzmaden; geöffnet ganzjährig Di - So 9 - 17 Uhr; https://www.urweltmuseum.de/)*. Und wenn Sie selbst auf Fossiliensuche gehen wollen, bietet der sog. „Klopfplatz" bei Holzmaden Gelegenheit dazu.

Erdgeschichtlich zählt die Schwäbische Alb zu den bedeutendsten Regionen Europas. Das Karstgebirge hier ist durchlöchert wie ein Schweizer Käse. Ein weites Höhlensystem durchzieht die höhlenreichste Landschaft Deutschlands, ja ganz Europas.

Nicht umsonst wurden Teile der Schwäbischen Alb mit ihren selten gewordenen Streuobstwiesen, Wacholderheiden, Versteinerungen, Resten von Vulkanen und Höhlen aus der Urzeit schon vor mehr als 10 Jahren von der UNESCO mit dem Qualitätssiegel **Biosphärengebiet** ausgezeichnet. Zentrum des riesigen Biosphärengebiets ist der ehemalige Truppenübungsplatz bei Münsingen. Und ein mehrere tausend Quadratkilometer großes Gebiet auf der Alb wurde von der UNESCO zum **Geopark Schwäbische Alb** ernannt.

In Höhlen – auf der Alb soll es fast 3.000 Höhlen geben – auf der Schwäbischen Alb haben Forscher die ältesten bislang bekannten Kunstobjekte der Menscheit ausgegraben – nämlich die rund 40.000 Jahre alte, aus Mammutelfenbein geschnitzte Kleinskulptur des **„Löwenmenschen“** (heute im Museum Ulm, N48° 23‘ 48.94“ E9° 59‘ 39.86“) oder die nur 1.000 Jahre jüngere wohlbeleibte **„Venus vom Hohlefels“** (heute im Urgeschichtlichen Museum URMU Blaubeuren, [N48° 24‘ 42.51“ E9° 47‘ 6.34“), die 2008 in der Höhle Hohlefels bei Schelklingen endeckt wurde.

Viel später dann haben sich Keltenstämme auf der Hochfläche der Schwäbischen Alb niedergelassen. Bei Grabenstetten und Erkenbrechtsweiler sind noch heute ausgedehnte Wallanlagen, der sog. **Heidengraben**, zu sehen, die einstmals eine geschäftige Keltensiedlung schützten. Forscher sind heute der Meinung, dass die Siedlungen im Heidengraben um die Zeitenwende herum die wahrscheinlich „größte Keltensiedlung in Mitteleuropa" war, die sogar den Römern nicht unbekannt war.

Eduard Mörike (1804 – 1875), seines Zeichens Pastor und schwäbischer Dichter, schrieb von der felsigen, bis zu 400 m hohen Kante des langgestreckten Mittelgebirges,

Herbst am Albtrauf

Burgruine Niedergundelfingen von der Ruine Hohengundelfingen aus gesehen, in Gundelfingen im Lautertal

dem **Albtrauf**, von der „wundersamen blauen Mauer". Und tatsächlich können die kantigen, teils weit über 700 Meter hohen Höhenzüge zu gewissen Jahreszeiten im Morgendunst wie „blaue Mauern" anmuten.

Die höchste Erhebung der Schwäbischen Alb ist der über 1.000 m hohe **Lemberg** im Südwesten der Alb.

Entlang des Albtraufs führen gut markierte, kilometerlange, wunderbare **Wanderwege**, die am Rand der Hochfläche immer wieder prächtige Ausblicke in die oft von Streuobstwiesen durchzogenen Täler und auf das Albvorland erlauben und im Herbst zur Zeit der Laubfärbung besonders attraktiv sind.

Dieser Reiseführer befasst sich in erster Linie mit dem Tal der Großen Lauter, der vor einigen Jahren schon das Prädikat zugeschrieben wurde, ein Naturwunder Deutschlands auf der Schwäbischen Alb zu sein. Aber auch das Lonetal mit seinen interessanten Höhlen kommt nicht zu kurz.

Und – nicht zu vergessen – die Schwäbische Alb ist historisches Gebiet. Schließlich haben gleich zwei Kaisergeschlechter ihren Stammsitz auf der Alb – die **Staufer** bei Göppingen und die **Hohenzollern** bei Hechingen.

Das „Schwäbische Märchenschloss" Schloss Lichtenstein

Fans von **Burgen, Schlössern und Ruinen** kommen auf der Alb wahrlich auf ihre Kosten. Kaum eine Region in Deutschland ist so reich gesegnet mit ehemals hochherrschaftlichen Anwesen. **Schloss Lichtenstein** zum Beispiel, das „Schwäbische Märchenschloss", ist schon fast zum Wahrzeichen für die Sehenswürdigkeiten auf der Schwäbischen Alb geworden.

Insgesamt sollen auf der Alb weit mehr als 100 Burgen und Ruinen, Stadt- und Residenzschlösser stehen, von denen das spektakulär auf einem steilen, schroffen Felsen am Albtrauf gelegene Schloss Lichtenstein das jüngste sein dürfte.

Viele der Burgen, die heute als stolze Ruinen die Klippen am Albtrauf und das Tal der Großen Lauter zieren, entstanden im 11. Jh. und waren oft Anlass dazu, dass sich in ihrer Nähe Ortschaften oder Klöster ansiedelten und sich die abgelegenen Regionen auf der rauhen Alb auch kulturell entwickelten.

All das zusammengenommen macht die Alb zu einem abwechslungsreichen und vielfältigen Reise- und Urlaubsziel nicht nur für Wohnmobilfahrer, sondern auch für Wanderer und Radler. Egal ob Natur, Gastronomie oder die vielen Burgen und Kirchen, für jedes Interessengebiet bietet die Schwäbische Alb etwas.

Klima und Reisezeit

Das Klima auf der Schwäbischen Alb wird gerne als „Reizklima" mit würziger Luft bezeichnet. Nicht umsonst wurde einigen Orten das Prädikat „Luftkurort" verliehen.

Und daran denken, wenn's ums Klima geht: „Auf d'r Alb isch's immer an Kittel kälter", dafür sorgt schon die Höhenlage des klimatisch oft rauhen Mittelgebirges.

Als **beste Reisezeit** für Touren, Radtouren oder Wanderungen auf der Schwäbischen Alb gilt die Zeit vom späten Frühjahr bis in den Herbst hinein. Besonders reizvoll sind Herbsttage auf der Alb.

Und in schneereichen Wintern lassen sich auf den Hochflächen der Alb schöne Langlauftouren auf gespurten und ausgeschilderten Loipen unternehmen.

Wacholderheide „Digelfeld" bei Hayingen

Rad-Wander-Bus-Anhänger am Bahnhof in Münsingen

RADTOUREN

Radlern ist zu empfehlen sich nach der Broschüre „Radfahren" herausgegeben von Mythos Schwäbische Alb; www.mythos-alb.de; oder nach der Broschüre „Fahrradtouren" vom Alb-Donau-Kreise Tourismus, www.tourismus.alb-donau-kreis.de, zu erkundigen.

In den Broschüren sind u. a. viele Tipps zu Radtouren oder E-Bike-Touren auf der Schwäbischen bzw. im Alb-Donau-Kreis angegeben. Darüberhinaus findet man in den Broschüren Angaben zu E-Bike-Ladestationen und zu Übernachtungsmöglichkeiten in radfreundlichen Hotels und Gasthäusern

Über 600 km **Radwege** sind über den Albaufstieg hinauf auf die Hochflächen der Schwäbischen Alb, aber auch im Alb-Donau-Kreis ausgeschildert.

Radwege sind in aller Regel gut gepflegt, ausge-

Fahrradmitnahme leicht gemacht, Münsingen Bahnhof

schildert und markiert. Dennoch ist es zu empfehlen auf allen Radtouren einen Fahrradhelm zu tragen!

Rad-Wander-Busse

Sehr hilfreich und praktisch sind die im Sommer (1. Mai bis Mitte Oktober) an Sonn- und Feiertagen eingesetzten Rad-Wander-Busse mit Anhängern für den Fahrradtransport.

Passagiere der Rad-Wander-Busse können ihr Fahrrad kostenlos mitnehmen (1 Fahrrad pro Person). Gruppen (ab sechs Fahrrädern) müssen sich anmelden. Details zu Gruppenfahrten findet man beim Verkehrsverbund Neckar-Alb-Donau (naldo) unter https://www.naldo.de/fahrplan/gruppen/.

Kostenloser Fahrradtransport ist auch in Zügen der Neckar-Alb-Bahn (Stuttgart - Metzingen - Tübingen und auf der Ermstalbahn (Metzingen - Bad Urach) möglich, allerdings nicht während des Berufsverkehrs Montag bis Freitag zwischen 6 Uhr und 9 Uhr; https://www.naldo.de/fahrplan/ - oder https://www.schwaebischealb.de/rad/rad-wanderbusse-auf-der-schwaebischen-alb.

Falls Sie Ihr eigenes Rad, E-Bike oder Mountainbike nicht dabei haben sollten - kein Problem. In vielen Orten, wie in Münsingen, in

Ehingen/Donau, oder in Munderkingen u. a. gibt es Radverleihs.

Tipps zu Radtouren

Ein guter Startpunkt für Radtouren ist z. B. der Bahnhof in Münsingen. Außer, dass Sie dort im Mobilitätszentrum *(geöffnet Mai - Okt. Mo - So und an Feiertagen 9.30 - 11.30 Uhr, 16 - 18 Uhr)* Räder und E-Bikes mieten können, halten dort Züge, die spezielle Fahrradwagen mitführen.

Infos zu den wechselnden Fahrplänen halten SAB-Schalter (Schwäbische Alb Bahn) im Bahnhof Münsingen bereit. *Der Fahrkartenschalter am Bahnhof Münsingen ist geöffnet vom 1. Mai bis Mitte Oktober Montag bis Samstag 8.30 Uhr bis 14 Uhr, an Sonn- und Feiertagen von 10 Uhr bis 17.30 Uhr. Änderungen sind bei den Öffnungszeiten möglich!*

Falls Sie nicht alleine auf Radtour gehen wollen, können Sie gegen Gebühr im **Mobilitätszentrum** am Bahnhof in Münsingen auch eine begleitete Radtour durch das Biosphärengebiet Schwäbische Alb buchen.

Eine große Hilfe für Radler, die ab Münsingen Radtouren vorhaben, ist die große Wand links vom Mobilitätszentrum mit nützlichen Infokarten zu Radtouren, mit Kurzbeschreibung und Übersichtskarte mit Längenangabe und Höhenprofil der Route.

Fahrrdverleih im Mobilitätszentrum Münsingen

Sehr beliebt ist der gut 50 km lange „Lautertalradweg von Marbach/Gomadingen/Offenhausen über das Kloster Obermarchtal im Donautal bis nach Zwiefalten mit seiner überwältigenden Barockkirche und der traditionsreichen Brauerei mit einladender Brauereigaststätte.

Gestütsradweg am Gestütshof in Offenhausen

Pferdeliebhaber werden vielleicht den fast 60 km langen **„Marbacher Gestütsradweg“** (https://www.tourismus-bw.de/touren/marbacher-gestuetsradweg-86ebc77a4b) bevorzugen, der zu allen Anlagen des Haupt- und Landgestüts Marbach führt. Gekennzeichnet ist der Gestütsradweg mit einem großen „M“ und einem Geweih darüber.

Ein anderer Radweg, der ebenfalls am Gestütshof in Offenhausen, nahe des Quelltopfs der Grossen Lauter startet, ist der **„Lautertal Radweg“**, der nach etwa 50 km an der besuchenswerten, barocken Münsterkirche in Zwiefalten endet. Unterwegs werden das Haupt- und Landgestüt Marbach und das Kloster Obermarchtal nahe der Donau, in die die Lauter letzendlich mündet, passiert; https://www.schwaebischealb.de/touren/lautertal-radweg#/article/d9a7e575-a214-46e4-8745-39828f799410.

Als **„Große Albtour“** wird der gut 50 km lange Radwanderweg R7 bezeichnet; https://www.tourismus-bw.de/touren/grosse-albtour-af68c5d00f. Er startet in Münsingen führt von dort westwärts zum Haupt- und Landgestüt Marbach. Dort weiter westwärts zum Gestütshof Offenhausen bei Gomadingen (Ausflug zum Aussichtsturm auf dem Sternberg möglich). Ab Gomadingen geht es südwärts nach Hohenstein-Ödenwaldstette. In Hohenstein-Ödenwaldstetten lohnt das Bauernhausmuseum Ödenwaldstetten einen Besuch. Ab Hohenstein führt der Radweg südwestwärts, vorbei an der rechterhand gelegenen weit über 800 m hohen Erhebung „Rosshäuptle“ vorbei, und durch das Weidental nach Ehestetten. Dort geht es ostwärts ins Lautertal und von dort über Bremelau zur Bundesstraße B465. Ihr entlang folgen wir durch das Heutal zurück nach Münsingen, das man nach ca. 4 Stunden wieder erreicht.

TOUR 1: MÜNSINGEN – OFFENHAUSEN – BUTTENHAUSEN

Länge der Tour: Rund 40 km.

Route: Über die B465 nach **Münsingen** – L230 über **Gomadingen** nach **Offenhausen** – L230 zurück nach **Gomadingen** – L249 durch das **Lautertal** nach **Marbach** – über **Dapfen** nach **Wasserstetten** – weiter nach **Eglingen** – L248 nach **Ödenwaldstetten** und zurück nach Wasserstetten – durch das Lautertal nach **Buttenhausen**.

Abstecher: Zur **Gedenkstätte** ** und zum **Schloss Grafeneck**. Zum **Bauernhausmuseum** *** in Ödenwaldstetten.

Reisedauer: Mindestens ein Tag, mit Abstechern besser zwei Tage.

Höhepunkte: Stadt **Münsingen** *** – **Steiniger Brunnen** in Steingebronn – **Gestütsmuseum** ** und **Lauterquelle** * in Offenhausen – **Haupt- und Landgestüt Marbach** *** – **Schafwäschedenkmal** * an der Großen Lauter in Wasserstetten – das **Baernhausmuseum Ödenwaldstetten** *** – **Gedenkstätte M. Erzberger** **, **Jüdischer Friedhof** ** in Buttenhausen.

Routenkarte siehe nächste Seite

Ausgangspunkt für die Tour durch das Tal der Großen Lauter kann **Münsingen** sein, mit seinem großen Stellplatz für Wohnmobile und einem weitläufigen Campingplatz in der Nähe.

Der eigentliche Startpunkt liegt allerdings unweit westlich von Münsingen am **Gestütshof Offenhausen** an der Quelle des Flüsschens Lauter.

Münsingen, eine Stadt mit etwas mehr als 14.000 Einwohnern, und der ehemalige Truppenübungsplatz nördlich der Stadt, in dem sich viele seltene Pflanzen, wie etwa die Silberdistel, erhalten konnten, kann als Zentrum des von der UNESCO ausgewählten, viele tausend Hektar großen **Biosphärengebiets Schwäbische Alb** bezeichnet werden.

Zentrale Infostelle samt Shop ist das **Biosphärenzentrum Schwäbische Alb [N48° 24' 48.73" E9° 32' 7.68"]**, Biosphärenallee 2, unweit östlich von Münsingen im Alten Lager in Münsingen-Auingen. Hier im weitgehend barrierefreien Biosphärenzentrum erfahren Sie auf

Münsingen am Marktplatz

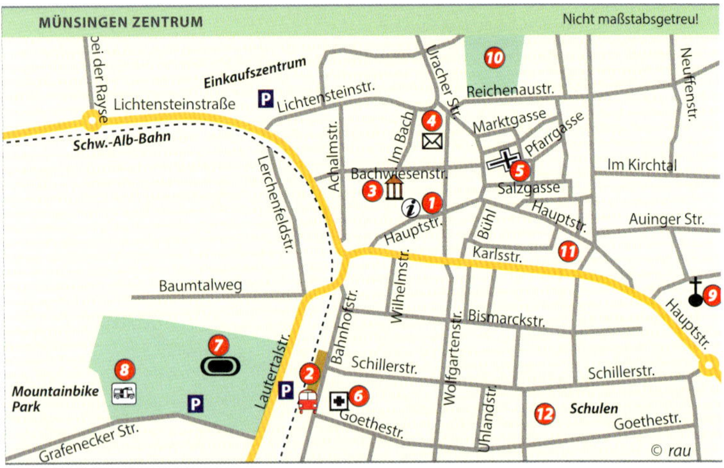

*MÜNSINGEN ZENTRUM – **1** Touristeninformation – **2** Bahnhof, Busbahnhof – **3** Rathaus – **4** Postamt – **5** Martinskirche, Altes Rathaus – **6** Ärztezentrum – **7** Wiesentalstadion – **8** Wohnmobilstellplatz – **9** Christus König Kirche – **10** Friedhof – **11** Altes Schloss – **12** Gustav Mesmer Realschule*

recht unterhaltsame Weise alles, was Besucher der Schwäbischen Alb wissen möchten. *Das Biosphärenzentrum Schwäbische Alb ist geöffnet Anf. Apr. - Ende Okt. tgl. a. Di 10 - 18 Uhr; Anf. Nov. - Ende März tgl. a. Di 11 - 17 Uhr; mit der Gästekarte „AlbCard" ist der Eintritt in die Ausstellung des Biosphärenzentrums kostenfrei, ansonsten wird eine kleine Eintrittsgebür verlangt; https://www.biosphaerengebiet-alb.de/.*

Münsingen mit seinem mittelalterlichen Stadtkern am **Marktplatz** und seinen sehenswerten Fachwerkbauten wie dem Alten Rathaus am Marktbrunnen ist immer einen Rundgang wert.

Sehenswertes

Zu den Sehenswürdigkeiten zählt, neben dem Alten Schloss (11), die **Martinskirche (5) [N48° 24' 45.92" E9° 29' 41.68"]**.

Interessant ist ein Besuch im **Alten Schloss (11) [N48° 24' 41.01" E9° 29' 48.33"]** auch deshalb, weil dort in der zweiten Etage das **Stadtmuseum Münsingen** eingerichtet ist, Schlosshof 2; *geöffnet Do, So und feiertags 13 - 17 Uhr; www.muensingen.com.* Die Ausstellungen des Regionalmuseums informieren über Geschichte, Kunst und Kultur auf der Schwäbischen Alb um Münsingen. Ein wichtiges Thema, mit dem sich das Museum befasst, ist die Unterzeichnung des Münsinger Vertrages im Jahre 1482, der einen Meilenstein in der Geschichte des Landes Württemberg darstellt.

Zu Zeiten von Herzog Eberhard I. (Eberhard im Bart), der lange in Urach residierte, war Württemberg nicht zuletzt durch Erbstreitigkeiten zersplittert in Württemberg-Stuttgart und in Württemberg-Urach. Der Vertrag von Münsingen legte fest, dass das Land Württemberg wiedervereinigt wurde und damit der Weg zur Erhebung zum Herzogtum geebnet war.

Graf Eberhard im Bart profitierte davon und durfte einige Jahre später den Herzogtitel tragen. Graf Erberhard im Bart, jetzt Herzog Eberhard I., war es auch, der seine Residenz – nicht zuletzt aus machtpolitischem Kalkül – von Urach nach Stuttgart verlegte und so Stuttgart zur Hauptstadt seines Reiches machte.

Vom **Bahnhof in Münsingen** verkehren Schienenbusse der Schwäbischen Alb-Bahn mehrmals täglich zwischen Münsingen und Engstingen bzw. von Münsingen über Schelklingen bis Ulm. Fahrradmitnahme ist möglich. Historische Triebwagen sind bewirtschaftet.

Der Fahrkartenschalter am Bahnhof Münsingen ist geöffnet vom 1. Mai bis Mitte Oktober Montag bis Samstag 8.30 Uhr bis 14 Uhr, an Sonn- und Feiertagen von 10 Uhr bis 17.30 Uhr.

Zwischen Juli und Oktober wird jeweils am 1. Sonntag im Monat auf der Strecke Münsingen über Engstingen nach Trochtelfingen ein historischer Dampfzug der Schwäbische Alb-Bahn

Der Bahnhof in Münsingen

ECO

*Eines der Hauptgebäude im Albgut (Biosphärenzentrum)
Altes Lager Münsingen-Auingen*

Der Oldtimerbus am Bahnhof von Münsingen

eingesetzt. Näheres, aktuelle Fahrpläne und Preise verrät die Schwäbische Alb-Bahn GmbH, 72525 Münsingen (Württ.), Tel. +49 (0)800 44 47 673; www.alb-bahn.com.

Für alle Oldtimer Fans ist die Fahrt mit einem Saurer Oldtimerbus von Engstingen (ab 10 Uhr) zurück nach Münsingen ein besonderes Erlebnis. Der Oldtimer Bus verkehrt, wie der Dampfzug, zwischen Juli und Oktober jeweils am 1. Sonntag im Monat.

Zudem verkehrt der **„Sonnenalb-Express“**, auch ein Oldtimerbus, von Engstingen direkt zur Bärenhöle bzw. zum Schloss Lichtenstein.

In den letzten Jahren hat sich der Bahnhof in Münsingen mehr und mehr zu einem touristischen

PRAKTISCHE HINWEISE – MÜNSINGEN

Touristik Information Münsingen [N48° 24‘ 43.28“ E9° 29‘ 34.08“], Hauptstr. 13, 72525 Münsingen, Tel. +49 (0)7381 182 145; www.muensingen.com; Angebot von Stadtführungen. *Geöffnet Mai - Okt. Mo - Fr 9 - 17 Uhr; Nov. - Apr. Mo - Fr 9 - 12 Uhr, + 14 - 17 Uhr.*

Touristik Information Münsinger Bahnhof - Zentrum für Natur, Umwelt und Tourismus [N48° 24‘ 34.47“ E9° 29‘ 26.31“], Bahnhofstr. 8, Tel. +49 (0)7381 50 17 556, +49 800 44 47 673; www.alb-bahn.com. *Geöffnet ganzjährig Sa 9 - 14 Uhr; Mai - Okt. auch Fr 9 - 13.15 Uhr.* Servicenummer der Deutschen Bahn: Tel. +49(0)180 99 66 33.

WOHNMOBIL-STELLPLÄTZE

Münsingen

Wohnmobil-Stellplatz im Wiesental Münsingen [N48° 24' 9.73" E9° 30' 23.24"], Grafen-ecker Straße, Tel. +49 (0)7381 182 145. **Zufahrt/Lage:** Am westl. Ortsrand bei den Sportplätzen, in Bahnhofsnähe. Beschilderte Zufahrt von der Lautertalstraße (Richtung Hayingen) aus. **Geöffnet:** Ganzjährig. **Gebühr:** Gebührenpflichtig. Zahlung beim Kassier oder im Büro für Touristik Information (geöffnet Mai - Okt. Mo - Fr 9 - 17 Uhr.; Nov. - Apr. Mo - Fr 9 - 12, 14 - 17 Uhr). **Ausstattung:** Platz für ca. 25 Wohnmobile. Keine Caravans! Ebene, gekieste, schattenlose Fläche zwischen einem Sportplatz und einem begrünten niederen Geländerücken an der Zufahrtsstraße. Zum Sportplatz hin eine Laubbaumreihe. Stromanschlüsse. Frischwasser und V & E Station gegen Gebühr. Stadtzentrum und Bahnhof in Gehnähe. Max. Aufenthalt auf dem Stellplatz 10 Tage. Reservierung nicht möglich!

Trailfingen

Wohnmobil-Stellplatz Trailfingen/Gruorn [N48° 26' 1.73" E9° 30' 11.63"], Tragolfstraße 59. **Zufahrt/Lage:** Am Ostrand des Ortes, Richtung ehem. Truppenübungsplatz. **Geöffnet:** Ganzjährig. **Gebühr:** Kostenpflichtig. **Ausstattung:** Überschaubares, kleines Stellplatzareal neben den Gewerbehallen der Fa. Ostertag (Küche + Raum). Eingeebneter, schattenloser, teils gekiester Platz, teils Wiese. Platz für ca. 14 Wohnmobile. Frischwasserhahn am Gebäude. Stromanschlüsse gegen Gebühr.

CAMPING

Camping Hofgut Hopfenburg [N48° 24' 12.09" E9° 30' 30.54"], Ecocamping, Hopfenburg 12, D-72525 Münsingen, Tel. +49 (0)7381 93

11 93 11; www.hofgut-hopfenburg.de; 1. Januar – 31. Dezember; südöstlich von Münsingen an der B465 Richtung Bremelau. Weitläufiges, gestuftes Wiesengelände; einige Stellplätze befestigt (Standspuren). In ländlicher, ansprechender Umgebung; ca. 10 ha – 100 Stpl. + zahlr. Dau und Mietunterkünfte; komfortable Sanitärausstattung, Waschmaschine, Trockner, Restaurant, Schwimmbad, Fahrradverleih, WLAN, V & E für Wohnmobile. Mittagsruhe. Spiel- und Freizeiteinrichtungen. Wintercamping möglich.

Foto: Camping Hofgut Hopfenburg, mit freundlicher Genehmigung.

Schwerpunkt entwickelt. Hier können Sie im **Mobilitätszentrum** auch e-Bikes mieten, um damit z. B. durch das Lautertal über Marbach und Buttenhausen, Hundersingen, Bichishausen, Gundelfingen, Indelhausen (Abzweig nach Hayingen und zur Wimsener Höhle möglich) bis zur Donau zu radeln (www.muensingen.com/e-bike). Sehr hilfreich für alle Radler ist auch die große Infotafel mit Routenvorschlägen an der Seitenwand des Mobilitätszentrums.

Und ab dem Münsinger Bahnhof verkehren Busse u. a. nach Bad Urach, nach Reutlingen, zum Biosphärenzentrum Schwäbische Alb in Münsingen-Auingen oder zum Schloss Lichtenstein. Zwischen 1. Mai und Mitte Oktober verkehren im Rahmen des sog. „Freizeitverkehrs" **Radwanderbusse** mit Radanhängern. Passagiere der Radwanderbusse können ihr Fahrrad kostenlos mitnehmen (1 Fahrrad pro Person). Infos dazu findet man bei https://www.naldo.de/fahrplan/minifahrplaene/.

Biosphärengebiet Schwäbische Alb

Das Biosphärengebiet Schwäbische Alb mit seinen Wacholderheiden, Streuobstwiesen (auf der Alb soll es angeblich noch über eine Million Obstbäume geben - ein Traum zur Blütezeit), Höhlen und ausgedehnten Buchenwäldern, sowie die von großen Schafherden vom Bewuchs freigehaltenen Albflächen sind Besonderheiten dieses fast 90.000 Hektar großen Naturschutzraumes.

Seit 2009 steht das Biosphärengebiet Schwäbische Alb mit seiner außerhalb des Gebiets sel-

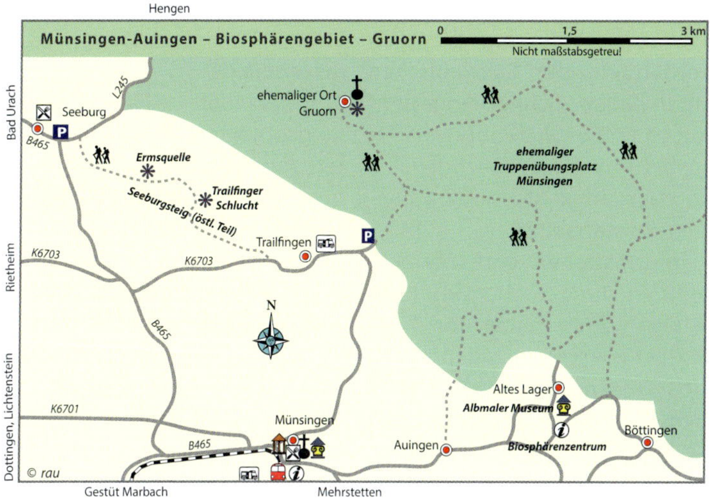

ten gewordenen Fauna und Flora sowie seinen kulturhistorischen Raritäten auf der UNESCO-Liste, die für ein ersprießliches Zusammenwirken von Mensch und Natur sorgen soll. Und großer Wert wird hier auch auf nachhaltigen Tourismus gelegt.

Ausgangs des 19. Jh. wurde nördlich von Münsingen auf dem Gelände des ehemaligen Gutsbezirks Münsingen der Truppenübungsplatz am „Alten Lager" (einer ehemaligen, vom württembergischen König Wilhelm II. in Auftrag gegebene Kasernenanlage) bei Münsingen-Auingen eingerichtet. Vor einigen Jahren wurde der Truppenübungsplatz wieder aufgelöst.

Seither wird das ausgedehnte Areal als Naturschutzgebiet gepflegt. Heute gilt hier „Tourismus statt Panzer".

In den Jahren, in denen hier Panzer rollten und die Erstürmung von Wohngebieten geübt wurde, blieb das Gebiet zwangsläufig von zivilen Flurbereinigungen, Straßenbau, Besiedelung – das einzige Dorf, Gruorn, innerhalb des Truppenübungsgeländes musste 1937 verlassen werden – und landwirtschaftlicher Bewirtschaftung verschont. So konnte sich, trotz der Truppenübungen und Panzerfahrten auf dem Gelände eine artenreiche Flora und Fauna erhalten, die heute zu einem touristischen Anziehungspunkt geworden ist.

Aber nicht nur die Natur soll im Biosphärengebiet geschützt werden, auch alte Traditionen und Kulinarisches sollen gepflegt und vor dem Niedergang und Vergessen bewahrt werden. Und die Schwäbische Alb hat auf diesen Gebieten einiges zu bieten. Sogar Weinbergschnecken werden auf der Schwäbischen Alb in einem „Schneckengarten" von einer Biosphärenbotschafterin bei Münsingen gezogen. Infos dazu unter https://albschneckler.de/startseite/.

Informationen und interaktive Ausstellungen über Geschichte und Kultur, Fauna und Flora der Schwäbischen Alb hält das **Biosphärenzentrum Schwäbische Alb [N48° 24' 48.60" E9° 32' 7.40"]** bereit. Man findet das Biosphärenzentrum im sog. Alten Lager in der Biosphärenallee 2 - 4 in 72525 Münsingen-Auingen, Tel. +49 (0)7381 93 29 38-31 *(geöffnet 1. Apr. - 31. Okt. tgl. a. Di 10 - 18 Uhr, 1. Nov. - 31. März tgl. a. Di 11 - 17 Uhr; www.biosphaeren-gebiet-alb.de).*

Unter den vielen Ausstellungsobjekten und animierten Austellungen ist z. B. nicht nur für „Reigschmeckte" überaus aufschlussreich, was „Älbler" über Städter und umgekehrt zu sagen haben. Im Biosphärenzentrum kann man einem interessanten Audiobetrag zuhören, was Leute von der Alb so über die Leute von der Stadt alles zu sagen haben.

Im Sommer, zwischen Anfang Mai und Mitte Oktober, verkehrt ein Bus mit Fahrradanhänger vom Biosphärenzentrum rund um den ehemaligen Truppen-

Das Biosphäreninformationszentrum Schwäbische Alb bei Münsingen-Auingen

Albgut Münsingen-Auingen, links das Albmalermuseum im Alten Lager

übungsplatz und zum Bahnhof Münsingen.

Wenn Sie den Weg zum Biosphärenzentrum Schwäbische Alb im Alten Lager in Münsingen-Auingen unternehmen, warten noch zwei weitere Museen darauf besichtigt zu werden, nämlich das **Museum „Altes Lager Münsingen" [N48° 24' 53.76" E9° 32' 7.89"]**, Biosphärenallee, das allerdings nur von April bis Oktober jeweils am 2. und 4. Sonntag eines Monats von 11 Uhr bis 16 Uhr geöffnet ist, dafür ist der Eintritt frei. Das Museum informiert über die Geschichte des Truppenübungsplatzes.

Nur ein paar Meter weiter liegt das **Albmaler Museum [N48° 24' 55.13" E9° 32' 7.99"]**, Biosphärenallee 12, Gebäude OF 7, *(geöffnet Mi - Sa 13 - 17 Uhr, So 10 - 17 Uhr; www.albmaler.de)*. Neben Sonderausstellungen werden vornehmlich Landschaftsbilder und Ansichten von der Schwäbischen Alb gezeigt. Die Arbeiten stammen von lokalen Künstlern.

Gegenüber vom Museum gibt es ein Restaurant, das Bistro „leib & seele" in der ehemaligen Königlich Württembergischen Post.

Zudem haben sich im Alten Lager eine Schokoladen- und Kaffemanufaktur im Lagerhaus (mit Café), sowie eine Nostalgiedruckerei und eine Manufaktur für edle Seifen etabliert. Die Manufakturen sollen mittwochs bis

Bei Gruorn im ehemaligen Truppenübungsplatz bei Münsingen

freitags von 13 bis 17 Uhr und samstags von 11 bis 17 Uhr geöffnet sein.

Spaziergang nach Gruorn

Einen Spaziergang nach Gruorn beginnt man am einfachsten am **Parkplatz [N48° 26‘ 9.02“ E9° 30‘ 31.01“]** nordöstlich von Trailfingen. Vom Parkplatz liegt Gruorn ca. 2 km entfernt und ist auf gepflegten Wegen gut zu erreichen.

Der fast 900 Jahre alte, Mitte des 13. Jahrhunderts erstmals urkundlich erwähnte Ort Gruorn war bis in die Zeit des Nationalsozialismus ein Dorf wie viele auf der Alb. Einen Nachteil hatte der Ort aber, Gruorn lag zu nahe an einem Truppenübungsplatz.

Um 1935 kam man auf die Idee, das Truppenübungsgelände zu erweitern. Dabei lag Gruorn allerdings im Wege. Also mußte das friedliche 700-Seelen-Dorf weichen. Gruorn wurde zwangsevakuiert, die Bewohner hatten zwei Jahre Zeit sich ein neues Zuhause zu suchen. Historiker sprechen von solchen verlassenen Orten, wie Gruorn, auch von „Wüstungen“.

Nach dem Zwangsexodus wurde in Gruorn vom Militär der „Häuserkampf“ geübt. Dabei verfiel der Ort mehr und mehr und musste letztendlich abgerissen werden. Nur die dem heiligen Stephan geweihte, zwischenzeitlich restaurierte **Stephanuskir-**

Die Sephanuskirche in Gruorn

che aus dem Ende des 11. Jh. und das **Schulhaus** konnten, nicht zuletzt wegen des energischen Einsatzes von Gruorner Bürgern, erhalten werden.

Sehenswert ist das Innere der Stephanuskirche und vor allem die Kirchenfenster aus jüngerer Zeit mit biblischen Motiven. Gestaltet wurden die Fenstermotive von einer Künstlerin namens Nollau. Ausserdem ist in der Kirche eine Tafel mit einem Ortsplan des früheren Gruorn zu sehen.

2006 wurde der Truppenbetrieb eingestellt, der Panzerübungsplatz aufgelöst. Seitdem sind das Gelände und der Rest von Gruorn wieder zugänglich. Heute sind auf dem ehemaligen Truppenübungsplatz auf dem früheren Gutsbezirk Münsingen kilometerlange, mit gelb markierten Pfosten gekennzeichnete Wander- und Radwege freigegeben (markierte Wege aber keinefalls verlassen!).

In Gruorn kann man im Schulhaus (Museum im Obergeschoss) zwischen Mitte Juli und Mitte September von Dienstag bis Freitag ab 14 Uhr (Samstag und Sonntag ab 11 Uhr) in der sog. „Stube" einkehren. Das Schulhaus ist neben der Stephanuskirche (montags geschlossen) eines der wenigen Gebäude, die in Gruorn noch erhalten sind.

Zweimal im Jahr, zu Pfingsten und zu Allerheiligen, treffen sich

Alter Ortsplan von Gruorn in der Stephanuskirche

Die Stephanuskirche von Gruorn im ehemaligen Truppenübungsplatz bei Münsingen

Der originale Schäferwagen von Wilhelm Stotz aus Münsingen stehte in Gruorn

ehemalige Gruorner Bürger und deren Nachkommen mit Freunden in der Kirche und im Schulhaus.

Zwischen Ostern und Anfang November werden an Sonn- und Feiertagen um 14.30 Uhr Führungen durch Gruorn (für angemeldete Gruppen auch häufiger) angeboten.

Schäferei auf der Schwäbischen Alb ist ein uraltes Gewerbe. Zum Beispiel sieht man hinter dem erhaltenen Schulhaus in Gruorn noch einen alten, original erhaltenen Schäferwagen.

Schon im 15. Jahrhundert kam die Wanderschäferei auf die Alb.

Heute gehören Schafe zum Landschaftsbild der Alb. Anfangs machten sich die Wanderschäfer und ihre Herden brachliegende Wiesen zu Nutze. Später schätzte man die natürliche „Freihaltung“ der Wachholderheiden durch Schafe. Sie verhinderten eine weitere Verbuschung der Alblandschaft.

Schon seit Jahren lohnt sich die Wanderschäferei aber nicht mehr so richtig. Viele Schäfer mussten aufgeben. Die Art der Landbewirtschaftung hatte sich verändert. Weideflächen verschwanden. Aber auch das Verhalten der Verbraucher hatte sich geändert. Schließlich brach der Preis für Wolle ein, früher die Haupteinnahme vieler Schäfereibetriebe.

Heute halten nur noch eine handvoll Betriebe die Wanderschäferei aufrecht.

Falkensteiner Höhle

Auf dem Weg von Bad Urach hinauf nach Grabenstetten pas-

Der Eingang zur Falkensteiner Höhle bei Grabenstetten

siert man erst die Zufahrt zum Campingplatz Pfählhof [N48° 30'1 3.39" E9° 25' 27.95"] und etwas weiter, die Landstraße 211 macht hier eine Linkskurve, den Parkplatz vor der **Falkensteiner Höhle [N48° 30' 52.39" E9° 26' 58.23"].** Vom Parkplatz geht man ca. 200 m, auf dem letzten Teil über Treppen, bis zum Höhlenportal.

Die Falkensteiner Höhle ist keine „Schauhöhle" sondern eine für Unbedarfte nicht ungefährliche Naturhöhle, eine aktive Wasser führende Höhle, wie Kenner sie bezeichnen. Die austretenden Wasser bilden das Bächlein Elsach.

Die Falkensteiner Höhle, die nur auf den ersten ca. 20 Metern von Unerfahrenen begangen werden darf, wurde in der zweiten Hälfte des 18. Jh. entdeckt und ist heute bis auf eine Länge von mehr als 4 km erforscht.

Besucht und „befahren" darf der größte Teil der Höhle nach der „ersten Verengung" nur mit Genehmigung (https://www.grabenstetten.de/freizeit-tourismus/sehenswuerdigkeiten/falkensteiner-hoehle) und mit entsprechender Ausrüstung (Helm, Lampen, Neoprenanzug, evtl. sogar Tauchausrüstung). Nach der Schneeschmelze oder nach ergiebigen Regenfällen können Stellen in der Höhle und Siphons nur durchtaucht werden.

Große Lautertour

Eigentlicher Ausgangspunkt für unsere große Tour durchs

WOHNMOBIL-STELLPLATZ – HÜLBEN

Wohnmobil-Stellplatz Rietenlau [N48° 31' 33.94" E9° 24' 44.24"], Kaltentalstraße. **Zufahrt/Lage:** Am östlichen Rand des Ortes, bei den Sport- und Freizeitanlagen, Abzweig von der Hauptstraße im Ort beschildert. **Geöffnet:** Ganzjährig. **Gebühr:** Stellplatz kostenlos, Gebühr für Frischwasser und Strom. **Ausstattung:** Ebene, teils geschotterte Fläche, bei starker Belegung auch auf Wiese, an einer Seite von Bäumen begrenzt. Platz für ca. 10 Wohnmobile. Frischwasser u. Strom (Gebühr). V & E Station. Gaststätte neben der Rietenlauhalle ganz in der Nähe des Stellplatzes. Ort in Gehnähe. Stellplatz auch für Caravans.

Lautertal ist **Gomadingen** an der Straße L230 westlich von Münsingen.

Das **Tal der Großen Lauter** ist nicht nur ein Eldorado für Naturliebhaber, Wanderer und Radler, sondern auch eine Gegend, an der Freunde von alten Burgen und Ruinen ihre Freude haben werden. Das Tal der Großen Lauter gilt als eine der burgenreichsten Gegenden in Deutschland.

Das Lautertal auf der Schwäbischen Alb ist von der Quelle bis zur Mündung in die Donau [N48° 14′ 39.34″ E9° 34′ 53.44″] südlich von Lauterach, zwischen den Orten Talheim und Neuburg, etwas mehr als 40 km lang und es wurde 2019 in den Kreis der „Naturwunder Deutschland" gewählt. Die Mündungsstelle der Großen Lauter in die Donau ist zu Fuß oder mit dem Fahrrad erreichbar (siehe Beschreibung bei Neuburg, Tour 3).

Gestütshof Offenhausen

Im unweit westlich von Gomadingen gelegenen **Offenhausen (Gestütshof) [Parkplatz, N48° 23′ 58.46″ E9° 22′ 8.44″]** findet man hinter der gotischen Kirche (heute Museum) des ehemaligen, im 14. Jh. gegründeten und bis in die Zeit der Reformation bestehenden Dominikanerinnenklosters den **Quelltopf des Flüsschens Große Lauter**.

Im Gegensatz zur „Großen Lauter" kennt man noch die „Kleine Lauter", einen kurzen Nebenfluss der Blau, der bei Blaustein/Lauter in einem wasserreichen Quelltopf entspringt.

In der ehemaligen Dominikanerkirche der früheren Klosteranlage (heute Gestüt) in Offenhausen ist das interessante **Gestütsmuseum** eingerichtet, das nicht nur über das Gestüt und die Zucht von Vollblutaraberpferden (Skelett eines berühmten Araberzuchthengstes), sondern auch über den Dominikanerorden informiert. Außerdem sind im Gestütsmuseum Kutschen, Zaumzeug und Pferdegeschirre, eine Ahnentafel von Mitgliedern des Hauses Württemberg, sowie informative Ausstellungen über das Haupt- und Landgestüt Marbach zu sehen. *Das Museum ist geöffnet vom 1. Mai bis 1. November Dienstag bis Freitag 14 - 17 Uhr, an Samstagen von 13 - 17 Uhr und sonntags und feiertags von 11 - 17 Uhr.* Vor der ehemaligen Klosterkirche ist ein interessanter Kräutergarten angelegt.

Alle Freunde von zünftigen Radtouren wird interessieren, dass in Offenhausen der etwas über 50 km lange **Lautertal Radweg** (R1) beginnt, der durch das ganze Lautertal bis zur Mündung des Flüsschens in die Donau und weiter bis Zwiefalten (sehenswerte Barockkirche und besuchenswerte Brauereigaststätte) und über die Donau bis nach Obermarchtal mit seiner sehens-

Ein einladender Spazierweg im Tal der Großen Lauter

Die Lauterquelle hinter dem Gestütshof Offenhausen

werten Klosteranlage führt. Und wer eine längere Radtour plant, kann an der Donau gleich in den **Donauradweg** einsteigen, einem fast 2.900 km langen Radfernweg, der auf seinem Weg zur Donaumündung ins Schwarze Meer, außer durch Deutschland noch durch sieben weitere Staaten führt.

Abstecher nach Steingebronn, zum Aussichtsberg „Sternberg", zur Gedenkstätte Grafeneck und zum Haupt- und Landgestüt Marbach

Unweit östlich von Gomadingen liegt an der Landstraße L230 (Gomadingen – Münsingen) der Ort **Steingebronn.** Eine bescheidene Sehnswürdigkeit dort ist der **„Steinige Brunnen" [Parkmöglichkeit an der Straße, N48° 24' 14.49" E9° 24' 38.25"]** (https://gomadingen.de/info/steiniger-brunnen/). Nach einem kurzen Fußweg von der Landstraße kommt man zur gefassten Quelle des Schörzbaches, der aber schon bei Gomadingen wieder in die Große Lauter mündet.

Und Wanderer können von Gomadingen aus einen Ausflug (ca. 2 km) hinauf zum 32 m hohen Aussichtsturm auf dem 844 m hohen **Sternberg [N48° 23' 39.09" E9° 22' 50.73"],** südwestlich von Gomadingen, unternehmen. Während der Woche ist der Eintritt zum Aussichtsturm frei.

Ganz in der Nähe des Aussichtsturm gibt es ein Wanderheim des Schwäbischen Albvereins (https://wanderheim-schwaebische-alb-sternberg.de/). Auf der Webseite ist folgendes zu lesen: „Übernachten kann man im Wanderheim nur von Samstag auf Sonntag". Und: „Die Bewirtschaftung erfolgt von Mitte Januar bis Anfang Dezember von Samstag bis Sonntag und an Feiertagen. Von Anfang Dezember bis Mitte Januar ist das Wanderheim geschlossen."

Nördlich von Marbach und südlich der Straße nach Münsingen liegt oberhalb der Landstraße L247 das während der NS-Zeit unrühmlich als „Tötungsstätte" für behinderte Menschen bekannt gewordene **Schloss Grafeneck**. Mehr als 10.000 Menschen fanden dort den Tod.

Vor einigen Jahren wurde in der Nähe des Schlosses die **Gedenkstätte Grafeneck [Parkplatz, N48° 23' 37.60" E9° 25' 50.61"]** eingerichtet *(geöffnet tgl. 8 - 18 Uhr; www.gedenkstaette-grafeneck.de)*. Ursprünglich diente Grafeneck als Jagdschloss für die württembergischen Herzöge. Heute ist das Anwesen wieder im Besitz der Samariterstiftung.

Der „Steinige Brunnen" in Steingebronn

Schloss Grafeneck

*ROUTE: Von **Offenhausen** auf der L230 ostwärts nach **Gomadingen.** Dort Abzweig rechts (südostwärts) an der Großen Lauter entlang bis zum **Haupt- und Landgestüt Marbach**.*

Wenige Kilometer östlich von Offenhausen, mitten in der Wacholderheide der Alb, liegt der Luftkurort **Gomadingen** – der im Ortsteil Dapfen jedes Jahr einen großen Genussmarkt veranstaltet.

Kurz vor Dapfen, im Ortsteil Marbach, liegt an der Großen Lauter das bekannte, traditionsreiche **Baden-Württembergische Haupt- und Landgestüt Marbach [Parkplatz, N48° 23‘ 6.04“ E9° 24‘ 53.75“];** https://hul.landwirtschaft-bw.de/pb/,Lde/Startseite.

Es geht das Gerücht, dass man beim ersten Staatsbesuch der britischen Königin Elizabeth II. von England in Baden Württemberg im Jahre 1965 der Monarchin, der ein großes Faible für Rassepferde nachgesagt wird, auch das Gestüt in Marbach präsentiert werden sollte. Nun unterlief den Protokollbeamten aber ein Fehler. Man hatte die Schillerstadt Marbach am Neckar als Besuchsort und nicht das Gestüt Marbach ausgesucht. Als der hohe Gast in Marbach am Neckar eingetroffen war, soll die Königin enttäuscht gefragt haben: „Where are the horses?“

In den drei Gestütshöfen Marbach, Offenhausen und St. Johann auf der Schwäbischen Alb mit ihren großen Ländereien und Weiden werden seit Jahrhunderten Pferde, darunter edle Vollblutaraber, sportliche Warmblüter, Altwürttemberger und liebenswerte Schwarzwälder Kaltblüter, gezüchtet; ein großes Anliegen des Landgestüts ist u. a. die Zucht von Vollblutarabern und von selten gewordenen Kaltblutrassen.

Besucher können das Gestüt an Wochenenden um 13.30 Uhr und um 15 Uhr auf Führungen kennenlernen. *Das Gestüt ist – außerhalb der Coronapandemie – ganzjährig täglich von 8 bis 12 Uhr und von 13 bis 17 Uhr geöffnet. Das Infozentrum und der Gestütsshop sind im Sommer (April bis Oktober) von Dienstag bis Sonntag von 10 bis 17 Uhr und im Winter (November bis März) an Sonn- und Feiertagen vom 11 bis 16 Uhr geöffnet. Infos unter www.gestut-marbach.de.*

Das weit über 500 Jahre alte Haupt- und Landgestüt, das mitten im Biosphärengebiet Schwäbische Alb liegt, zählt zu den ältesten Staatsgestüten in Deutschland.

Im Juni oder Juli ist das Landgestüt Marbach Mittelpunkt der renommierten Veranstaltung **„Marbach Classics“**, einer gelungenen Mischung aus klassischer Musik und einem „Tanz der Pferde“. Ein gesellschaftliches Highlight weit über die Region hinaus; https://www.marbach-classics.de/. In den Jahren 2020

Haupt- und Landgestüt Marbach. Fotowiedergabe mit freundlicher Genehmigung

und 2021 mussten die „Marbach Classics" aber wegen der Coronapandemie abgesagt werden.

Und jedes Jahr werden in normalen Zeiten im Herbst tausende von Besuchern, Pferdeliebhaber und Züchter von den **Marbacher Hengstparaden** und den Pferdeauktionen in Marbach angezogen. Bei den Marbacher Hengstparaden sind aber auch Springwettbewerbe, Dressurreitvorführungen und historische Wagen- bzw. Kutschenrennen zu sehen. Am Gestütshof startet auch einer der schönsten Radwege auf der Alb, der **Gestütsradweg**, der alle Gestütshöfe anläuft.

*ROUTE: Vom Haupt- und Landgestüt Marbach fahren wir an der Großen Lauter entlang südwärts bis ins nahe **Wasserstetten**.*

Denkmal der Schafwäscher an der Großen Lauter in Wasserstetten

In **Wasserstetten** sieht man am Ende der Straßenbrücke über die Große Lauter links ein seltenes Denkmal – das **Denkmal für Schafwäsche [N48° 21' 50.61" E9° 26' 23.95"].** Wenige Schritte vor der Brücke liegt rechts der Straße ein Park- und Picknickplatz.

In Wasserstetten wurden an der Großen Lauter generationenlang in einer der größten Schafwaschanlage weit und breit Schafe vor der Schur gewaschen. Erst nach dem Zweiten Weltkrieg wurde die lange Tradition beendet. Zuvor kamen Schäfer und ihre Herden bis von Bayern nach Wasserstetten an die Große Lauter, um Schafe waschen zu lassen.

Saison für die Schafwäsche war immer im Frühjahr, wenn die Tage auch auf der Alb wieder wärmer wurden. Denn die Schafe mussten nach der Wäsche mit nassem Pelz die kommende Nacht überstehen.

Die Schafwäscher standen in Holzbottichen im Flüsschen und wuschen die Schafe, oft über tausend am Tag, ein feuchter Knochenjob, bevor die Schafe geschoren wurden. Ein sauberes Vlies brachte im Verkauf natürlich mehr ein. Dazu kam, dass sich die Schafwäscher ein willkommenes Zubrot verdienten. Außerdem können Sie in Wasserstetten eine **Alpaka-Farm [N48° 21′ 50.97″ E9° 26′ 15.84″]** besuchen; www.achalm-alpaka.de; Tel. 07385 / 96 89 90.

Unweit südlich von Wasserstetten liegt der Ort **Eglingen**. Auf dem Weg dahin liegt östlich der Landstraße L249, etwas versteckt, die **Burgruine Blankenstein [N48° 21′ 39.19″ E9° 25′ 36.76″].** Reste des ehemaligen Wohnturms aus dem 12. Jh. sind erhalten.

Abstecher zum Bauernhaus museum Ödenwaldstetten

*ROUTE: Von Wasserstetten über **Eglingen** nach **Ödenwaldstetten.***

Bauernhausmuseum Ödenwaldstetten [Parkplatz, N48° 20′ 51.12″ E9° 22′ 36.55″], Jahn-

WOHNMOBIL-STELLPLATZ - EGLINGEN

Wohnmobil-Stellplatz Eglingen „Rudis Hühnerhof" [N48° 21′ 10.06″ E9° 25 ′48.41″], Hartweg, Postanschrift: Brunnengässle 6; www.rudis-huehnerhof.de. **Zufahrt/Lage:** Zufahrt von der Landstraße K6770 (Marbach – Wasserstetten) auf die L249 Richtung Eglingen abzweigen, in Eglingen ca. 250 m weiter Richtung Ehestetten, dann links ab in den Hartweg abzweigen und nach 100 m links ab zum Platz. **Geöffnet:** Ganzjährig. **Gebühr:** Gebührenplichtig. **Ausstattung:** Wiese bei einem Bauernhof mit ca. 5 Stellflächen auf Gras, Frischwasser, einfache V & E-Einrichtung, Strom (Gebühr). Caravans erlaubt. Hofladen.

Das Bauernhausmuseum in Ödenwaldstetten. Fotowiedergaben mit frdl. Genehmigung

Utesilien im Bauernhausmuseum Ödenwaldstetten. Mit freundlicher Genehmigung.

straße (*geöffnet Juli - Sept. Mi, Sa + So 14 - 17 Uhr; Mai, Juni + Okt. Mi + So 14 - 17 Uhr; https:www.gemeinde-hohenstein.de/tourismus/sehenswuerdigkeiten-und-museen/bauernhausmuseum-oedenwaldstetten/.* Gleich neben dem Parkplatz am Bauernhausmuse-

WOHNMOBIL-STELLPLATZ – ÖDENWALDSTETTEN

Wohnmobil-Stellplatz Am Bauernhausmuseum Ödenwaldstetten [N48° 20′ 51.28″ E9° 22′ 38.36″], Jahnweg, Tel. 0738798700. **Zufahrt/Lage:** Zufahrt von der Landstraße L248 (Eglingen – Ödenwaldstetten) am östlichen Ortsrand von Ödenwaldstetten der Beschilderung „Bauernhofmuseum" folgen. **Geöffnet:** Apr. – Okt. **Gebühr:** Gebührenpflichtig (Gebühr in „Kässle" werfen). **Ausstattung:** Geschotterte Stellplätze mit Grasresten neben den Museumsparkplätzen. Frischwasser, Abwasserausguss, Strom. Gebühr für Strom und Frischwasser.

um ist ein Stellplatz für Wohnmobile eingerichtet.

Im sehr sehenswerten Bauernhausmuseum Ödenwaldstetten, einer malerischen Althofstelle auf der vom ausgehenden 15. Jh. bis Mitte des 19. Jh. bäuerliche Betriebsamkeit herrschte, sind zwei große Bauernhäuser mit Scheune zu besichtigen. Haus Nr.1 kann aber nur auf Führungen besichtigt werden.

In den Häusern sind „gute Stuben", Schlafzimmer, Küchen, verschiedene Werkstätten, interessante Kellerräume und selten gewordene Exponate wie Telefone, Spinnräder, Nähmaschinen, Öfen und Herde oder Wanduhren zu sehen.

In den Werkstätten und in der hofeigenen Schmiede konnte fast alles hergestellt und repariert werden, was im arbeitsreichen bäuerlichen Alltag so alles gebraucht wurde.

Darüber hinaus ist der zum Gehöft gehörende Heil- und Gewürzgarten von Interesse. Außer dem Bauerngarten mit seinen Heil- und Gewürzkräutern gehört zum Anwesen ein beschildertes, landwirtschaftliches „Schaufeld".

Sehr interessant ist ein Rundgang durch die Scheune mit ihren museumsreifen Landmaschinen. Darunter ist ein seltener Trecker - ein „Lanz Bulldog" von 1934 mit 20 PS.

Im Bauernhausmuseum Ödenwaldstetten. Fotowiedergaben mit frdl. Genehmigung

Burgruine Hohenstein

In der Scheune werden gelegentlich an Sommerwochenenden Volkstänze dargeboten.

Südwestlich von Ödenwaldstetten bietet sich ein Spaziergang zur **Burgruine Hohenstein** Oberstetten an.

Nördlich von Oberstetten liegt östlich der B312 ein **Wanderparkplatz [N48° 20‘ 19.62“ E9° 20‘ 28.35“].** Von Ödenwaldstetten kommend erreicht man den Parkplatz am einfachsten, wenn man am östlichen Ortsrand von Oberstetten der Beschilderung zur Ruine Hohenstein folgt. Man erreicht den Parkplatz auf einspuriger Asphaltstraße nach ca. 1 km. Vom Parkplatz (Wiesenstreifen am Waldrand) führt ein holpriger Fußweg und gewöhnungsbeürftige Treppen hinauf zu den Ruinenresten der Burg.

Burg Hohenstein ist ein uraltes Gemäuer, das schon um 1100 als Besitz der Herren von Oberstetten urkundlich erwähnt wurde. Damals war Hohenstein weithin bekannt für seine lustigen Feste, die in seinen weiten Burgmauern stattfanden. Nach geschichtsträchtigen Jahren, in denen mehrfach die Besitzer der Burg wechselten, kam das Anwesen schließlich an das Kloster Zwiefalten, bevor es dem Hause Württemberg einverleibt wur-

Parkplatz unterhalb der Ruine Hohenstein

de. In unseren Tagen ist die Ruine wieder im Besitz der Gemeinde Oberstetten/Hohenstein, die fürderhin für die Erhaltung und Sicherung der Ruine zuständig ist.

*ROUTE: Weiterreise von Ödenwaldstetten ostwärts zurück nach **Eglingen** und dort nordwärts nach **Wasserstetten** im Lautertal. Von Wasserstetten weiter ostwärts durch das Lautertal bis **Buttenhausen.***

Buttenhausen, offiziell ein eingemeindeter Stadtteil von Münsingen, hat heute kaum mehr als 600 Einwohner. Buttenhausen gilt als eine uralte Siedlung im Lautertal, die schon seit mehr als 1.000 Jahren besteht.

Ausgangs des 18. Jahrhunderts wurde Buttenhausen von den Freiherrn von Liebenstein ein sog. „Judenschutzbrief" verliehen, der das Zusammenleben der diversen Religionsgruppen im Ort regelte. Daraufhin entwickelte sich in Buttenhausen eine große jüdische Gemeinde, die mit der Zeit Wohlstand in den Ort brachte. Eine Synagoge, ein Rabbinat und eine Mikwe (Frauenbad, heute Im Wiesengrund 2), sowie die **Bernheimersche Realschule [N48° 21' 37.01" E9° 28' 47.57"]** (Zwiefalter Straße 30) und ein großer **jüdischer Friedhof** entstanden.

Die Bernheimersche Realschule wurde erst ausgangs des 19. Jh. von einem zu Vermögen gekommenen, aus Buttenhausen stammenden Kunsthändler namens Bernheimer, gestiftet. Die Realschule sollte es ermöglichen, allen Kindern im Ort, gleich welcher Religionsgruppe sie angehörten, eine grundlegende Bildung zukommen zu lassen. Später wurde die Realschule, vermutlich aus Knappheit der Finanzmittel, in einen Kinderhort umgewandelt. Noch später diente das Gebäude der Gemeinde Buttenhausen als Gemeindehaus in dem vor etwa 10 Jahren ein **Jüdisches Museum** eingerichtet wurde *(geöffnet Apr. - Okt. So + feiertags 13 - 17 Uhr).*

Aber erst Mitte des 19. Jh. wurde mit der Einrichtung eines eingenständigen Rabbinats eine rechtliche Gleichstellung der jüdischen Bürger in Buttenhausen erreicht. Mitte des 19. Jh. stellte die jüdische Gemeinde in Buttenhausen kurzzeitig die größte Bevölkrungsgruppe dar. Das änderte sich grundlegend in der Zeit des Nationalsoziolismus. Nach 1933 wurden viele der jüdischen Bürger aus Buttenhausen nach Theresienstadt deportiert und dort ermordet.

1938 wurde die Synagoge aus dem späten 18. Jh verwüstet. Die Synagoge stand einstmals an der Mühlensteige. Heute erinnert ein Gedenkstein an den Synagogenplatz. Viele Juden wanderten aus.

Jüdischer Friedhof in Buttenhausen

Buttenhausen im Lautertal mit der Michaelskirche

Nach dem Zweiten Weltkrieg gab es in Buttenhausen keine jüdische Gemeinde mehr.

Der **Jüdische Friedhof [keinerlei Parkmöglichkeit, N48° 21' 31.62" E9° 28' 34.54"]** am Westrand es Ortes an einem bewaldeten Hang weist etwa 400 Grabsteine auf. Da nach jüdischer Tradition Gräber nach einer gewissen Zeit nicht aufgegeben werden dürfen, sind auch alte Grabsteine noch erhalten. Ein Gang über den Friedhof ist auch ein Gang durch die Zeit. Das Areal für den jüdischen Friedhof wurde ausgangs des 18. Jh. von den Freiherren von Liebenstein gestiftet.

Der christliche Friedhof liegt am Nordrand des Ortes bei der **Michaelskirche** am Kirchberg. Umgeben wird der Friedhof von den Mauerresten einer Burgruine aus dem 13. Jh.

Parkmöglichkeiten in Buttenhausen sind im Ort selbst eher rar. Einzig der **Parkplatz [N48° 21' 33.79" E9° 28' 53.05"]** an der Durchgangsstraße, der Zwiefalter Straße, und nahe der Großen Lauter bietet sich an, wenn man das Dörfchen besichtigen will.

Vom Parkplatz kann man z. B. über den Picknickplatz „Riedwiesen" an der Lauter bis zur Getreidemühle Luz gehen und dort über die Mühlsteige und vorbei am Haus mit der **Erinnerungsstätte an Matthias Erzberger [N48° 21' 33.58" E9° 28' 39.44"],** Mühlsteige 21, *(geöffnet Apr. - Okt. So + an Feiertagen 13 - 17 Uhr. Ameldung zu Führungen außerhalb der Öffnungszeiten Tel. 07381-182-115, Stadt Münsingen)*, hinauf zum Jüdischen Friedhof gehen.

Die Erinnerungsstätte im Geburtshaus berichtet von Matthias Erzberger (1875 – 1921). In einem katholischen Elternhaus geboren, machte sich Erzberger später als Publizist und Zentrumspolitiker (Abgeordneter im Reichstag) im Kaiserreich und in der Weimarer Republik einen Namen. Und Erzberger war 1918 einer der Unterzeichner des Waffenstillstandsvertrags von Compiègne, der das Ende des Ersten Weltkriegs besiegelte. Darüber hinaus galt Erzberger auch als ein Weg-

Gustav Mesmer – „Der Ikarus vom Lautertal"

Buttenhausen an der Lauter war zeitweise auch mehr oder weniger erzwungerner Aufenhaltsort von Gustav Mesmer, einem schrulligen und vom Schicksal gebeutelten Freigeist aus dem oberschwäbischen Altshausen bei Ravensburg, wo er 1903 in einer kinderreichen Großfamile das Licht der Welt erblickte oder wie er es beschrieb „durch lautes Schreien, seine Ankunft kundtat". Krankheitshalber musste Mesmer schon früh die Schule wieder verlassen. Mesmers Kommentar dazu: "Wo Schule versagt, geht das Leben einen Nebenweg". Nach der Schulzeit arbeitet er als „Verdingbub", eine Art Taglöhner, auf Gutshöfen, um Jahre später in das Benediktinerkloster Beuron einzutreten, bis auch dort „alle Himmelsherrlichkeit zerfiel". Aufgenommen in das Kloster Beuron wurde Mesmer (Bruder Alexander) allerdings nie, auch das Ablegen der Gelübde (Profess) wurden ihm nicht erlaubt.

Als „religiöser Unfall" wird bis heute seine Predigt „alles sei Schwindel" in der Kirche von Altshausen beschrieben, die ihn letztendlich in die Psychiatrische Anstalt in Bad Schussenried brachte. Viele Jahre musste Mesmer in psychiatrischen Anstalten verbringen - die von den Nazis eingerichtete Anstalt im Schloss Grafeneck überlebte er nur, weil er als guter Arbeiter galt.

Erst 1964 kommt Mesmer nach Buttenhausen im Lautertal, wo er annähernd 30 Jahre als Korbflechter tätig war und sich ausgiebig seinem Steckenpferd „Flugfahrräder" zu zeichnen und zu fertigen widmen konnte. Bald hatte er den Kosenamen „Ikarus vom Lautertal" weg. In Münsingen wird eine Schule nach ihm benannt - die „Gustav Mesmer Realschule".

1994, im Alter von 91. Jahren stirbt Gustav Mesmer. Nur zwei Jahre später wird von Stefan Hartmaier und Martin Mangold die Gustav Mesmer Stiftung gegründet, um das Vermächtnis des „Flugverrückten" in Ausstellungen und Büchern weiterleben zu lassen.

Jeder kann an die Stiftung spenden oder eine Patenschaft für die Saiteninstrumente, Zeichnungen, Erfindungen und vor allem für Mesmers „Flugfahrräder" übernehmen, um die Gegenstände vor dem Untergang zu retten, https://gustavmesmer.de .

bereiter der deutschen Demokratie. Als Reichsfinanzminister wurde Erzberger 1921 von rechtsgerichteten Extremisten ermordet.

Gleich unterhalb von Erzbergers Geburtshaus lag einstmals das Rabbinat und das „Frauenbad" (Mikwe), Im Wiesengrund 2. Und oberhalb der Erzberger-Gedächtnisstätte lag früher der Synagogenplatz (Denkmal).

Ein anderer großer Name ist ebenfalls mit Buttenhausen verbunden. Theodor Rothschild, (1876 - 1944) langjähriger Pädagoge und Leiter eines Waisenhauses in Esslingen am Necker, erblickte hier ausgangs des 19. Jahrhunderts das Licht der Welt.

Theodor Rothschild wurde 1942 nach Theresienstadt deportiert, wo er verstarb. Heute erinnert ein Gedenkstein an der Zwiefalter Straße an das Geburtshaus von Theodor Rothschild.

Das Kulturdenkmal **Roßbachquelle [N48° 21' 41.10" E9° 28' 33.33"]** an der Wasserstetter Straße am Westrand des Ortes, zählt eher zu den bescheidenen Sehenswürdigkeiten in Buttenhausen. Generationenlang wurde die Quelle zur Trinkwasserversorgung des Ortes genutzt. Nach Ausbau der Trinkwasserversorgung im Ort diente die Quelle lange als Viehtränke.

Ganz in der Nähe liegt das **Weidenbach'sche Schloss**, einst Sitz eines Adelsgeschlechts, heute ein Diakonie-Wohnhheim, das nicht besichtigt werden kann.

Das Geburtshaus von Matthias Erzberger in Buttenhausen ist heute Gedenkstätte

TOUR 2: BUTTENHAUSEN – INDELHAUSEN – HAYINGEN

Länge der Tour: Rund 30 km.

Route: Auf der Straße K6769 durch das **Lautertal** und über **Hundersingen, Bichishausen** und **Gundelfingen** nach **Indelhausen**.

Abstecher: Von Indelhausen nach **Anhausen** und **Wanderung durchs Lautertal**. Nach **Hayingen** und ins **Glastal** (Wanderung zur Wimsener Höhle).

Reisedauer: Mindestens ein Tag, mit Wanderungen besser 2 Tage.

Höhepunkte: **Burgruine Hundersingen** * – Aussicht vom **„Bürzel“** *** – **Burgruinen Hohengundelfingen** *** und **Niedergundelfingen** *** – Wanderung von Anhausen durchs **Lautertal** *** – **Hayingen** *** – **Wanderung durchs Glastal** ** **zur Wimsener Höhle** ***.

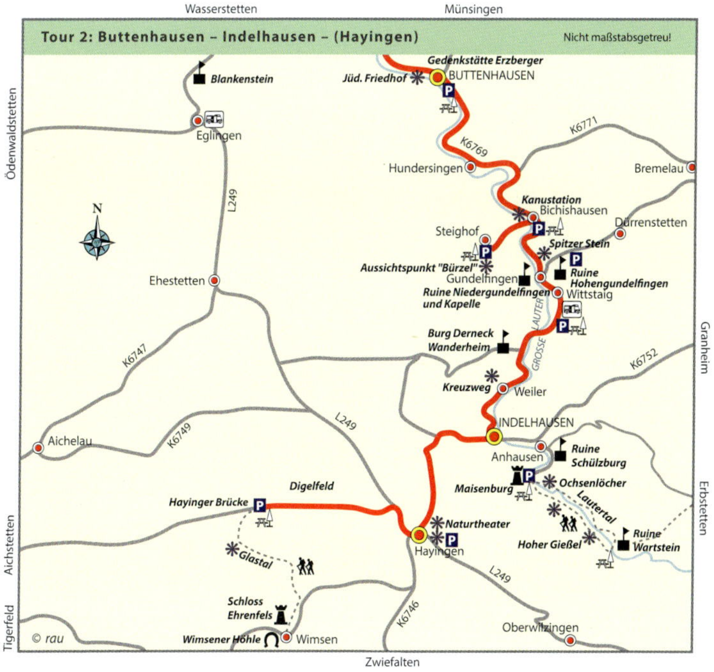

Bichishausen im Lautertal mit der St. Gallus Kirche, vom Aussichtspunkt „Bürzel" aus

*ROUTE: Von Buttenhausen durch das **Lauteral** weiter südwärts zunächst bis **Hundersingen**.*

*Oder man fährt von **Münsingen** auf der B465 (Münsingen – Ehingen) zunächst südostwärts bis zum Abzweig nach **Bremelau**, durchquert den Ort und folgt der K6771 hinab ins Lautertal und nach **Hundersingen**.*

Zu den Sehenswürdigkeiten in **Hundersingen** zählt u. a. die **Burgruine Hohenhundersingen**. Man erreicht die Ruine, wenn man im Ort rechts abzweigt und bis zur **Parkmöglichkeit Schlosshau [N48° 20‘ 43.22“ E9° 29‘ 42.90“]** fährt. Am Parkplatz beginnt ein Fußweg, der hinauf zur Ruine Hohenhundersingen führt. Oder man versucht an der Hauptstraße in Hundersingen, der Schloßrainstraße, zu parken [N48° 20′ 34.35″ E9° 29′ 47.13″] und von dort hinauf zur Burgruine zu gehen. Der Ausblick von der Ruine ist prächtig.

Recht gut erhalten ist noch der Burgturm, der vermutlich aus der Stauferzeit des 12. Jh. stammt, wie die zum Bau verwendeten typischen Buckelquadersteine vermuten lassen. Im Laufe seiner langen, bewegten Geschichte wechselte das Anwesen und die dazugehörenden Dörfer mehrmals den Besitzer, bevor sie zu Beginn des 19. Jh. zu verfallen begann. Heute ist es einer privaten Initiative zu verdanken, dass die Burgruine erhalten bleibt.

ROUTE: Von Hundersingen weiter durchs gewundene Tal

Die Burgruine Hohenhundersingen

Burgruine Bichishausen

*der Großen Lauter bis nach **Bichishausen**.*

Bevor man sich aber **Bichishausen** widmet, lohnt eine Fahrt über ein schmales, aber befestigtes Sträßchen hinauf zu den Steighöfen und zum **Wanderparkplatz Steighof [N48° 19' 37.68" E9° 29' 32.79"]**, am Klammenkreuz. Vom Wanderparkplatz folgt man ca. 500 m einem beschilderten Fußweg bis zum **Aussichtspunkt „Bürzel"** oberhalb von Bichishausen.

U. a. führt vom **Bootshaus an der Lauter in Bichishausen [N48° 20' 2.32" E9° 30' 7.22"]**, mit großem Parkplatz, Cafeteria und Bootsverleih (Kanutouren unterschiedlicher Länge auf der Großen Lauter, Anfang Juli bis Mitte September; https://www.kanutouren.com/lauter/), ein Fußweg hinauf zur Burgruine Bichishausen. Die Burgruine ist nur zu Fuß zu erreichen!

*ROUTE: Von Bichishausen durch das romantische, gewundene Lautertal auf kurvenreicher Straße und vorbei an der markanten Felssäule **„Spitziger Stein" (auch „Spitzer Stein")** weiter ins nahe **Gundelfingen**.*

Gundelfingen im Lautertal, einstmals Sitz eines mächtigen und politisch einflussreichen Zweiges des Adelsgeschlechts derer von Gundelfingen, deren Stammburg die heutige Ruine Hohengundelfingen war, zu der damals viele Besitzungen bis hin nach Hayingen gehörten. Auch Burg Derneck war einst im Besitz

Blick ins Lautertal von der Burgruine Hohengundelfingen aus

Markant, der „Spitzige Stein" an der Straße von Bichishausen nach Gundelfingen

eines Zweiges derer von Gundelfingen. Den Herren von Gundelfingen wurden bis in 14. Jh. hinein beste Verbindungen bis nach Österreich nachgesagt. Im 16. Jahrhundert dann bekleideten Nachkommen aus dem Hause Gundelfingen hohe politische Ämter in Württemberg. Noch später starb das Geschlecht Gundelfingen aus und die gundelfingenschen Besitzungen gingen an das Haus Fürstenberg.

Man kann versuchen am Sträßchen Niedergungelfingen südlich der Hauptstraße zu parken [N48° 19′ 22.28″ E9° 30′ 6.84″] und von dort hinauf zur **Burgruine Niedergundelfingen** zu gehen, in deren Vorhof die **Kapelle St. Michael** besichtigt werden kann. Die Burg selbst ist in Privatbesitz und kann nur von außen bestaunt werden.

Auf dem Weg hinauf zur Burgruine kommt man vorbei am **Alten Rathaus von Gundelfingen**. Das sog. „Einhaus" aus dem 19. Jahrhundert kam erst zu Beginn des 20. Jh. an die Gemeinde und diente eine Zeitlang als „besonderes Local zu Gemeinde-Rath-Sitzungen". Davor musste das Haus des Schultheiß (Bürgermeister) zu Gemeinderatssitzungen herhalten.

Etwas eng und anfangs auch ziemlich steil ist der Zufahrtsweg an der großen Kurve der Hauptstraße in Gundelfingen hinauf zum **Parkplatz [N48° 19′ 35.57″ E9° 30′ 36.70″]** rechts der Straße, von dem aus die **Ruine Hohengundelfingen**, die Stammburg derer von Gundelfingen, zu Fuß zu erreichen ist. Von den Mauern der eindrucksvollen Ruine sind herrliche Ausblicke ins Lautertal möglich.

WOHNMOBIL-STELLPLATZ BEI GUNDELFINGEN/WITTSTEIG

Wohnmobil-Stellplatz Heiligental [N48° 18′ 57.54″ E9° 30′ 26.98″]. Zufahrt/Lage: An der Straße K6769 (Gundelfingen – Indelhausen), ca. 800 m südlich von Wittsteig gelegen. **Gebühr:** Gebührenpflichtig. **Geöffnet:** Ganzjährig. **Ausstattung:** Ca. 4 geschotterte, etwas schattige Stellplätze neben dem allgemeinen Wanderparkplatz und einem Picknickplatz. V & E-Einrichtung, Strom, WC (saisonal geöffnet). Keine Caravangespanne. Gebühr im Touristenbüro Münsingen zu bezahlen oder in Briefkasten am Platz. Max. Aufenthalt 10 Tage.

Das Alte Rathaus von Gundelfingen, galt einst als „kleines Häusle außen im Dorf“

Würde man das Sträßchen vom Parkplatz weiterfahren käme man über Dürrenstetten nach Bremelau und zur Hauptstraße B465 (Münsingen – Ehingen/Donau).

Südlich von Gundelfingen führt die Straße durchs Lautertal durch den Ortsteil Wittsteig / Wittstaig (Gasthof, Hotel).

Kurz darauf passiert die Straße einen Abzweig links der Straße zu einem am Beginn des Heiligentals gelegenen Wanderparkplatz [N48° 18′ 57.97″ E9° 30′ 25.43″] und einfachen Wohnmobilstellplatz.

ROUTE: *Auf der Weiterfahrt kann man südlich von Gundelfingen über die Lauter westwärts abzweigen und zu Parkplätzen fahren, von denen aus die* ***Burg Derneck mit Wanderheim*** *zu Fuß erreicht werden kann.*

Zunächst kommt man auf der Straße nach Münzdorf am **Parkplatz Tiefental N48° 18′ 32.52″ E9° 29′ 55.11″]** vorbei. Dort beginnt ein Wanderweg hinauf zur **Burg Derneck**. Ein weiterer **Parkplatz [N48° 18′ 45.0″ E9° 29′ 48.5″]**, der über einen unscheinbaren, unbefestigten Waldweg zur erreichen ist, liegt weiter nördlich der Burgruine Derneck. Von diesem zweiten Parkplatz geht man rund 800 m, vorbei an einer Wiese mit Spielplatz (Spielplatz „Breitle“), danach auf einem Waldpfad bis zur Burg Derneck, die man durch ein altes Burgtor betritt. In den restaurierten Wirtschaftsgebäuden der Burg sind ein Wanderheim des Schwäbi-

Burg Derneck, heute mit Wanderheim des Schwäbischen Albvereins

schen Albvereins und eine Cafeteria (Burgschänke, geöffnet Mitte März bis Mitte November) eingerichtet. Wer im Wanderheim übernachten will ruft vorher an unter: Mobil 0152-37195365.

Die eigentliche Burgruine, einstmals bekannt als „Burg Degeneck", stammt aus der Mitte des 14. Jh. und war damals Sitz eines adeligen Rittergeschlechts aus Gundelfingen.

***ROUTE:** Von den Parkplätzen zurück ins Lautertal und weiter südwärts über **Weiler** nach **Indelhausen**.*

In **Weiler** kurz vor Indelhausen überquert die Straße die Große Lauter. Achten Sie auf der Brücke auf eine Figurenskulptur auf der Brückenmauer. Was auf den ersten Blick beim Vorbeifahren wie die Figur eines Brückenheiligen anmutet, entpuppt sich bei genauerem Hinsehen als ein Denkmal für einen Schneckenhändler.

Dazu muss man wissen, wie von einer Tafel unter dem Denkmal zu erfahren ist, dass der Handel mit Weinbergschnecken früher in der Gegend ein einträgliches Geschäft darstellte und Weinbergschnecken auf Flößen auf der Donau bis nach Wien exportiert wurden. Sogar bis Frankreich und in die Schweiz wurden Weinbergschnecken von der Alb

Schneckenhändlerdenkmal auf der Lauterbrücke in Weiler-Indelhausen

Der Kreuzweg bei Weiler

verkauft, die zuvor in speziellen Schneckengärten bis zur „Eindeckelung" im Herbst aufgezogen wurden.

Einen **historischen Schneckengarten [N48° 18' 19.98" E9° 29' 51.18"]** kann man nördlich von Weiler unterhalb eines Kreuzwegs sehen. Am Zaun um den Schneckengarten sind informative Hinweistafeln angebracht. U. a. liest man da etwas über den Schneckenhandel, z. B. dass Weinbergschnecken erst ab Ende Juli gesammelt werden durften, um in Schneckengärten weiter gefüttert und gemästet zu werden, bis sie im Herbst eingedeckelt und so natürlich konserviert in Fässern, die bis zu 10.000 Stück fassen konnten, mit der Bahn nach Ulm und dort auf der Donau weitertransportiert wurden.

Ganz in der Nähe des Schneckengartens sieht man an einem Wiesenhang den **Alten Kreuzweg [N48° 18' 20.76" E9° 29' 50.01"]** mit 14 Bildstöcken, deren Motive die 14 Stationen Jesu auf dem Weg zu seiner Kreuzigungsstätte Golgata bebildern. Oben wird der Kreuzweg mit einem großen Kreuz abgeschlosssen. Gestiftet wurde dieser Kreuzweg, der heute in der Obhut der Stadt Hayingen ist, ausgangs des 19. Jahrhunderts von einem Bürger aus Weiler. Die einzelnen Kreuzwegstationen waren bis 1993 mit bemalten Holzreliefs verziert. Im Januar 1993 wurden sechs dieser kostbaren Holzreliefs auf Nimmerwiedersehen entwendet, wie einer Infotafel am Kreuzweg zu entnehmen ist.

1998 und 2020 wurden Kreuzweg und Reliefs restauriert.

*ROUTE: Von Weiler südwärts, weiter an der Lauter entlang, bis **Indelhausen**.*

Indelhausen ist heute Vielen für seine „Umweltbildungseinrichtung des Landes Baden-Württemberg, dem Waldschulheim Indelhausen" bekannt. Die kleine Gemeinde kam im Rahmen einer Eingemeindungsaktion 1975 zu Hayingen.

Der Ort dürfte aber, nicht nur bei vielen Genießern, vermutlich besser bekannt sein für sein Lautertal-Eis.

Indelhausen und das benachbarte Anhausen können als guter Ausgangspunkt für Wander- oder Radtouren durchs Lautertal genutzt werden, einem der wohl landschaftlich schönsten Abschnitte des gesamten Lautertals, dessen felsigen Hänge einst geradezu gespickt waren mit stattlichen Burgen. Heute sind viele der Burgen zu Ruinen verfallen, die meist nach einem mühsamen Aufstieg unentgeldlich zugänglich sind.

In **Hayingen,** einem ansprechenden Luftkurort auf der Schwäbischen Alb mit rund 2.000 Einwohnern, findet man einen günstig im Zentrum gelegenen **Parkplatz [N48° 16' 30.85" E9° 28' 45.91"]** an der Frauengasse, Ecke Marktstraße.

Gegründet wurde Hayingen vermutlich ausgangs des 13. Jahrhunderts von einem Ritter namens Swigger von Gundelfingen. Die Gundelfinger unterhielten später mitten in Hayingen, an der heutigen Zwiefalter Straße, Ecke Bäckergasse, eine Turmburg, das **„Stadtschloss" [N48° 16' 29.98" E9° 28' 41.25"] (3** – heute, falls geöffnet, Café und Museum), das heute, offenbar seines Turms beraubt, aber gar nicht mehr nach Schloss anmutet. Die adeligen Ritter von Gundelfingen vermachten dem Städtchen Hayingen große Waldgebiete. Als die Bürger zu billigem Bauholz kommen konnten, entwickelte sich im Ort ein wahrer Bauboom von Fachwerkhäusern.

Allerdings waren spätere Herren von Gundelfingen sich nicht ganz einig über den neuen Besitz, denn zu Beginn des 14. Jahrhunderts war Hayingen geteilt in ein „Oberstädtle", zu der die Kirche St. Vitus und das einträgliche Alte Kaufhaus („Holsteinhaus") und in ein sog. „Unterstädtle", zu dem das Stadtschloss gehörte.

Heute zählen, seit der Gemeindereform 1975, zur Gemeinde Hayingen auch die Gemeinden Anhausen, Indelhausen, Ehestetten und Münzdorf.

Gegenüber vom sog. „Stadtschloss", an der Markstraße, liegt

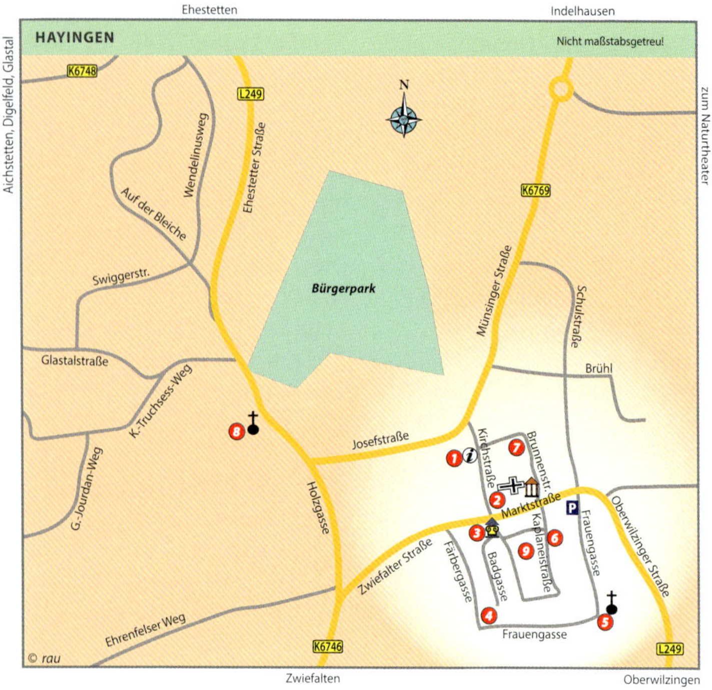

*HAYINGEN – **1** Gästeinformation Hayingen – **2** St. Vitus-Kirche, Rathaus, Goissa Bronna, Altes Kaufhaus (Holsteinhaus) – **3** Stadtschloss Hayingen – **4** Kappenturm und Stadtmauerreste – **5** Liebfrauenkapelle – **6** Stadthaus Kaplanei – **7** Karlsplatz – **8** Evangelisches Gemeindehaus – **9** Altes Spital*

ein interessantes Museum - Müller's Elektro Museum. Das Museum, das vor allem Elektrogeräte aus vergangenen Tagen zeigt, ist nach Voranmeldung unter Tel. 07386-296 für Besucher gegen Eintritt zugänglich.

Mitten im Ort erhebt sich gleich neben dem **Rathaus (2) [N48° 16' 30.70" E9° 28' 41.88"]** aus dem 17. Jh., die katholische **St. Vitus Kirche (2) [N48° 16' 30.70" E9° 28' 41.88"]** aus der Zeit um 1200. Im 18. Jahrhundert musste die Kirche nach den Wirren des 30-jährigen Krieges umfassende renoviert werden, bei dieser Gelegenheit wurden dem Kirchturm auch sein Zwiebelturm-Abschluss verpasst.

Und das Rathaus diente früher nicht nur als Sitz des Bürgermeisters, das Haus beherbergte auch noch, wie einer Bronzetafel zu entnehmen ist, das öffentliche Bad, ein Backhaus, die Schule, die Geschäftsräume einer Sparkasse und die Spritzen der Feuerwehr.

Das Rathaus und der Turm der St. Vitus-Kirche, rechts das Alte Kaufhaus, das sog. „Holsteinhaus".

Hayingen war schon früh ein Ort an dem viele Jahrmärkte abgehalten wurden, was Reglementierungen bedurfte. Daran erinnert eine symbolische Waage an der Ostseite des Rathauses. Unterhalb von Kirche und Rathaus liegt in der Brunnenstraße das sog. „Holsteinhaus" (Altes Kaufhaus) aus dem 16. Jahrhun-

Der „Goissa Bronna" vor dem Rathaus und der Kirche in Hayingen

Das sog. Holsteinhaus (Altes Kaufhaus) in Hayingen

dert, das ehemals vornehmlisch als Markthalle genutzt wurde. Das historische Gebäude mit seinem markanten, überkragenden ersten Stockwerk war quasi ein frühes Kaufhaus der Stadt.

Auf dem kleinen Platz vor der Kirche und vor dem Rathaus fällt der **„Goissa Bronna" [N48° 16' 30.98" E9° 28' 41.13"]** (**3** – Ziegenbrunnen) auf. Der Brunnen wurde vor etwa 50 Jahren von der Hayinger Narrenzunft gestiftet.

In einer westlichen Parallelstraße zur Frauengasse (Parkplatz) liegt in der Kaplaneistraße, eines der ältesten Stadthäuser in Hayingen, die **Kaplanei (6) [N48° 16' 29.87" E9° 28' 44.88"].** Die Kaplanei diente im 16. Jh. als Wohnsitz eines Kaplans, einem Gehilfen des hießigen Pfarrers. Heute wird das Haus in erster Linie als Tagungsstätte und für Trauungsfeierlichkeiten genutz.

In diesem Teil der Hayinger Altstadt liegt ein weiteres bemerkenswertes Fachwerkgebäude, das **Alte Spital (9) [N48° 16' 29.87" E9° 28' 44.88"]** aus der Mitte des 16. Jahrhunderts. Damals hatte ein Mitglied des Hauses Gundelfingen das Haus „... den armen Leuten von Hayingen..." gestiftet. Weiter südlich, fast am Ende der Badgasse, findet man Reste der alten **Stadtmauer** und den **Kappenturm**

Das Stadthaus Kaplanei in der Kaplaneistraße gilt als eines der ältesten Häuser in Hayingen

(4) [Parkplatz an der Färbergasse, N48° 16' 26.24" E9° 28' 40.04"]. Der Rundturm stammt angeblich aus dem 13. Jh. und bewachte damals einen der Zugänge in die Stadt. In Hayingen erzählt man sich eine Sage über den Kappenturm, nämlich dass

Der Wanderpark- und Picknickplatz „Hayinger Brücke" ist Ausgangspunkt für Wanderungen im Glastal

Angreifer einstmals durch das Tor am Kappenturm in die Stadt gelangen konnten, weil dem Turmwächter angeblich der Schlüssel abhanden gekommen war.

Bei Liebhabern von Freilichtbühnen ist Hayingen bekannt für sein **Naturtheater [einfache Parkmöglichkeit, N48° 16′ 46.04″ E9° 29′ 5.02″]**, das sogar als UNESCO-Kulturgut anerkannt ist; https://www.naturtheater-hayingen.de/.

Touristische Auskünfte gibt die **Gäste-Information Hayingen [N48° 16′ 32.40″ E9° 28′ 40.35″]** in der Kirchstraße 15, D-72534 Hayingen, Tel. +49 (0)7386 975246; www.naturerlebnis-hayingen.de. *Geöffnet Mo - Fr 9 - 12 Uhr.*

Ausflug zum Digelfeld und Wanderung durchs Glastal

Westlich von Hayingen liegt das **Naturschutzgebiet Digelfeld [Parkmöglichkeit, N48° 16′ 52.54″ E9° 27′ 25.31″]**, das mit einer Fläche von über 100 ha als die ausgedehnteste Wacholderheide auf der Schwäbischen Alb gilt.

Ein lohnender Ausflug ist eine Wanderung, ausgehend vom nicht weit vom Naturschutzgebiet Digelfeld entfernten Park- und Picknickplatz **Hayinger Brücke [N48° 16′ 49.07″ E9° 26′ 38.08″]** durch das **Glastal** mit der sog. Bärenhöhle und der Glashöhle, das später vom Ha-

Wandern im Glastal

In der Wimsener Höhle. Foto: Schumann, Leonie Schimank, TRESS Lebensmittel GmbH & Co. KG

senbach durchflossen wird. Der Weg führt vorbei am Schloss Ehrenfels (nur nach Voranmeldung zu besichtigen) und erreicht schließlich die Friedrichshöhle, besser bekannt als **Wimsener Höhle [Parkplatz, N48° 15' 29.30" E9° 26' 55.04"]**, einer der wenigen Wasserhöhlen auf der Schwäbischen Alb, die auf begleiteten Kahntouren gegen Gebühr besichtigt werden kann.

Einheimische kennen die Höhle auch als die Höhle mit dem „Höhlenstollen". Hier wird nämlich von einer bekannten Bäckerei ab September bis vor Weihnachten jeweils 3 Wochen lang auf einem speziellen vergitterten Kahn Weihnachtsstollen gelagert. Immer am letzten Oktobersonntag wird der legendäre „Höhlenstollen" unter großem Hallo der Besucher angeschnitten, um festzustellen, ob der Stollen auch gut gelungen ist. Freunde des „Höhlenstollens" sind sicher, dass Luftfeuchtigkeit und das beständige Höhlenklima dem Gebäck ein unvergleichliches Aroma verleihen.

Ganz in der Nähe der seit Mitte des 15. Jahrhunderts bekannten Wasserhöhle liegen Gasthöfe und die alte Wimsener Mühle, heute renoviert und Museum *(Apr. - Okt. täglich geöffnet)*.

Romantische Stelle am Hasenbach im Glastal

TOUR 3: INDELHAUSEN – LAUTERACH – BLAUBEUREN

Länge der Tour: Rund 30 km bis zur Lautermündung.

Route: Von Anhausen auf der K6752 bis **Granheim** – L231 über **Mundingen** nach **Lauterach** – K7414 nach **Neuburg** – Fußweg zur **Lautermündung**.

Abstecher: Spaziergang durchs Lautertal von Unterwilzingen zur Laufenmühle. Abstecher von Lauterach zum Schloss Mochental. Spaziergang durchs Wolfstal.
Abstecher über Ehingen nach Blaubeuren.

Reisedauer: Mindestens ein Tag, mit Abstechern besser zwei oder mehr Tage.

Höhepunkte: **Spaziergang durchs Lautertal** *** von Unterwizingen zur Laufenmühle – **Ruine Wartstein** * – der **Kalvarienhain** * nördlich von Unterwilzigen – im Frühling zur Märzenbecherblüte **Spaziergang durchs Wolfstal** *** – **Spaziergang von Neuburg zur Lautermüdung** * – **Schloss Mochental** *** – **Barockmünster** *** **und Klosteranlage Obermarchtal** – das **Kalkofenmuseum** * bei Untermarchtal – **Rechtenstein** * – das **barocke Münster** *** in Zwiefalten – Blaubeuren, **Blautopf** ***, **Kloster und Klosterkirche** ***, **URMU-Museum** *** – **Spaziergang durch die Altstadt** *** – **Wanderungen rund um Blaubeuren** **.

Routenkarte siehe nächste Seite

Spaziergang durchs Lautertal

Sehr lohnend ist ein Abstecher von Indelhausen ostwärts nach **Anhausen** mit seiner stattlichen **Burgruine Schülzburg [N48° 17' 17.22" E9° 30' 16.96"]** am östlichen Ortsrand von Anhausen. Wohl bereits im 13. Jh. ließen sich die Herren von Wartstein die Burg errichten, bevor sie nach vielen Wechseln in der Mitte des 15. Jh. an das Haus von Speth überging. Ende des 19. Jh. brannte das stattliche Anwesen nieder. Ein Wiederaufbau wurde nicht in Erwägung gezogen. Heute gilt die Ruine als eine der größten ihrer Art im ganzen Lautertal. Man kann an der Haupstraße Schülzburgweg in Anhausen versuchen zu parken. Am Schülzburgweg beginnt die Schloßsteige, ein Wanderweg hoch zur Ruine. Bevor Sie sich aber auf den

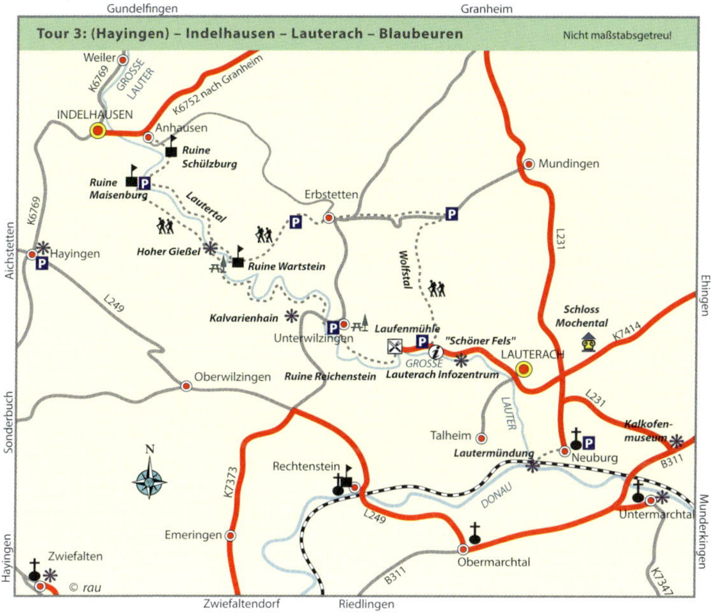

Weg zur Ruine machen, sollten Sie sich vergewissern, ob die Ruine zugänglich ist. In jüngster Zeit war der Zugang zur Ruine (wegen Baufälligkeit des Gemäuers) zeitweise gesperrt.

Die Burgruine Schülzburg in Anhausen

Ein Spaziergang entlang der Großen Lauter mit Blick zur Maisenburg ist im Herbst sehr reizvoll

Um einen ausgedehnten Spaziergang *** durchs Lautertal südöstlich von Anhausen zu unternehmen, parkt man am einfachsten auf dem Wanderparkplatz Ölmühle [N48° 17′ 7.33″ E9° 30′ 1.79″] unterhalb der Ruine Maisenburg mit Hofgut Maisenburg. Gegenüber vom Parkplatz findet man an der Lauterbrücke eine große Picknickwiese.

Das Biberbänkle im Tal der Großen Lauter

Ein von Bibern gefällter Baum an der Großen Lauter

Ab dem Parkplatz kann man einen Spaziergang hinauf zur Maisenburg unternehmen.

Oder man startet vom Wanderparkplatz Ölmühle zu einer längeren Lautertal-Wanderung. Entlang dem südlichen Ufer der Großen Lautern kann man – gelegentlich durch Warngebimmel von Radfahrern unterbrochen, die den Weg mitbenutzen – auf breitem Weg dem Flussufer fol-

Der „Wasserfall Hoher Gießel" an der Großen Lauter

gen. Der Blick über die Lauter auf Felsen am Nordufer ist vor allem an einem sonnigen Herbsttag sehr schön. An den Bäumen entlang des Lauterufers sieht man immer wieder Nagespuren von Bibern, die im Lautertal heimisch sind. Später kommt man am Katarakt (Wasserfall) **„Hoher Gießel“** vorbei und erreicht an einer Schutzhütte mit Grillplatz eine Brücke über die Lauter. Hier überqueren wir die Lauter und gehen am Nordufer des Flüsschens zurück zum Parkplatz bei Anhausen.

Ausdauernden bietet sich Gelegenheit noch hinauf zur **Ruine Wartstein [N48° 16‘ 24.61“ E9° 31‘ 16.06“]** zu gehen. Anders ist die Ruine Wartstein zu erreichen, wenn man von Anhausen auf der sehr schmalen Straße nach **Erbstetten** fährt und von dem kleinen, etwas versteckt zwischen Waldrand und Feldern gelegenen **Wanderparkplatz [N48° 16‘ 27.75“ E9° 31‘ 44.79“]** zur Ruine Wartstein wandert, ca. 1 km.

*ROUTE: Ab **Erbstetten** kann man südwärts hinab ins nahe **Unterwilzingen** fahren.*

Sehenswert im Weiler **Unterwilzingen** sind die **St. Georgs Kapelle [N48° 15‘ 52.36“ E9° 32‘ 18.73“]** und der etwas außerhalb gelegene, von hohen Hecken umgebene **Kalvarienhain/Kreuzweg [N48° 15‘ 50.33“ E9° 32‘ 3.49“]**. Parken kann man neben dem Kalvarienhain an der Landstraße nach Emeringen am Waldrand.

Nahe der Brücke über die Große Lauter findet man neben einem Rast- und Picknickplatz mit Grillstelle auch einen **Parkplatz [N48°15‘54.18“ E9°32‘24.08“]**. Ab dort kann man einen sehr einladenden Spaziergang entlang der Großen Lauter bis zur Laufenmühle unternehmen. Dieser Teil des Lautertals gilt als einer der schönsten Abschnitte. Von Unterwilzingen kann man andererseits entlang des Flüsschens Lauter zurück nach Erbstetten und zur Ruine Wartstein wandern.

Entschließt man sich für den Weg zur **Laufenmühle** am südöstlichen Beginn des Wolfstals, hat man einen Weg mit abwechslungsreichen Landschaftsbildern vor sich.

Gegenüber dem **Parkplatz [N48° 15‘ 36.73“ E9° 33‘ 59.23“]** bei der Laufenmühle, am Abzweig des Wanderwegs ins Wolfstal, wurde eine historische **Tuffsteinsäge** wieder aufgebaut, mit der einstmals der Tuffstein, ein in früheren Tagen gerne verwendetes Baumateriel auf der Alb, in handhabbare Blöcke geschnitten wurde. Z. B. war die Burg Wartstein einstmals fast vollständig aus Tuffstein errichtet.

Hinter dem Restaurant „Laufenmühle“ (Montag Ruhetag)

Burgruine Wartstein

Die Große Lauter am Wander- und Radweg von Unterwilzingen zur Laufenmühle

[N48° 15′ 38.93″ E9° 33′ 44.80″] gab es ehemals einen Tuffsteinbruch, der bis in die 50er Jahre des vergangenen Jahrhunderts genutzt wurde.

Ein Spaziergang durchs romantische **Wolfstal**, ist im Frühjahr zur **Märzenbecherblüte** (Februar bis April) ein besonderes Erlebnis. Tausende und Abertausende dieser blühenden Frühlingsboten bedecken dann die bewaldeten Hänge im Wolfstal. **Mein Tipp:** Versuchen Sie während der Märzenbecherblüte das Wolfstal unter der Woche zu besuchen. An Wochenenden kommen viele Besucher, um diese weit über die Region hinaus berühmte Sehenswürdigkeit zu bestaunen und zu fotografieren. Parken kann man für eine Wanderung durchs Wolfstal entweder an erwähntem Parkplatz an der Tuffsteinsäge in der Nähe der Laufenmühle oder weiter nördlich des Wanderweges durch das Wolfstals am **Parkplatz [N48° 16′ 49.67″ E9° 33′ 55.24″]** an der Landstraße zwischen Erbstetten und Mundingen.

Geht man an der Tuffsteinsäge und dem Brunnen, dem ein ausgedienter Mühlstein als Becken dient, vorbei, kommt man wenig später zum **Lauterach**

Rastplatz an der Lauter bei Unterwilzingen

Einladend - die Gaststätte Laufenmühle

Infozentrum [N48° 15′ 32.78″ E9° 34′ 2.10″] mit Ausstellung, Kiosk und Cafeteria *(geöffnet Anf. März - Anf. Okt. Sa + So/feiertags*

Die Tuffsteinsäge nahe der Laufenmühle

Märzenbecherblüte im Wolfstal.
Foto: Alb-Donau-Kreis Tourismus, Roswitha Guggemos

Neben den zahlreichen Märzenbechern kann man im Wolfstal auch den raren Scharlachroten Kelchbecherling finden

13 - 18 Uhr; www.gemeinde-lauterach.de; Tel. 07375-277). Gleich neben dem Informationszentrum Lauterach liegt ein Picknick- und Wasserspielplatz mit Grillstellen.

ROUTE: Unweit westlich der Laufenmühle liegt ***Lauterach****.*

Auf dem Weg von der Laufenmühle/Wolfstal nach Lauter-

Das Wolfstal während der Märzenbecherblüte. Foto: Gemeinde Lauterach, Pia Kübek

Wander- und Radweg entlang der Großen Lauter von Unterwilzingen zur Laufenmühle

ach passiert die Straße kurz vor Lauterach den Felsbogen **„Der schöne Fels" [N48° 15' 28.49" E9° 34' 33.56"]**.

Lauterach, eine Gemeinde aus dem 13. Jahrhundert mit heute knapp 600 Einwohnern, leitet seinen Namen ganz offensichtlich von dem nahen Flüsschen Lauter ab. Interessant ist Mitten im Ort die **Kapelle Maria Himmelfahrt** mit sehenswertem Altar aus dem frühen 17. Jh., quasi eine religiöse Dependance der St. Michelskirche in Neuburg.

Für Viele aber wird der **Alb-Leisa-Hofladen [N48° 15' 22.06" E9° 34' 35.50"]**, Am Hochberg 25, www.lauteracher.de, am Westrand des Orts vielleicht noch interessanter sein. Hier kann man nämlich, außer regionalen Landprodukten, auch die lange vermissten und erst in einer russischen Saatgutbank wiederentdeckte und von einem Lauteracher mühsam wieder großgezogene **Alb-Leisa**, eine selten gewordene Linsenart, erstehen.

Abstecher zum Schloss Mochental

ROUTE: Von Lauterach auf der Straße K7414 ostwärts bis zur Zufahrt zu ***Schloss Mochental****, das etwas nördlich der Straße liegt.*

Schloss Mochental [Parkplatz, N48° 15' 49.68" E9° 36' 12.27"], der einstige Sommersitz von Äbten mit seinen fensterreichen Gebäudefronten, präsentiert sich als ein sehenswertes Barockschloss aus dem frühen 18. Jahrhundert. Das Anwesen

Schloss Mochental. Foto: Galerie Schrade, mit freundlicher Genehmigung

Schloss Mochental, Nikolauskapelle. Foto: Galerie Schrade, Jürgen Rösner

bezaubert nicht nur durch seine landschaftliche Lage, sondern auch durch seine Ausstellungen in seinen Gebäudeflügeln *(geöffnet Di - Sa 13- 17 Uhr, So und feiertags 11 - 17 Uhr)*. Auf Führungen werden u. a. der Hubertussaal und die Nikolauskapelle mit ihren Fresken und Kunstobjekten gezeigt.

Kunstliebhaber werden ihre Freude an der seit 1985 im

Das Besenmuseum im Schloss Mochental. Foto: Galerie Schrade

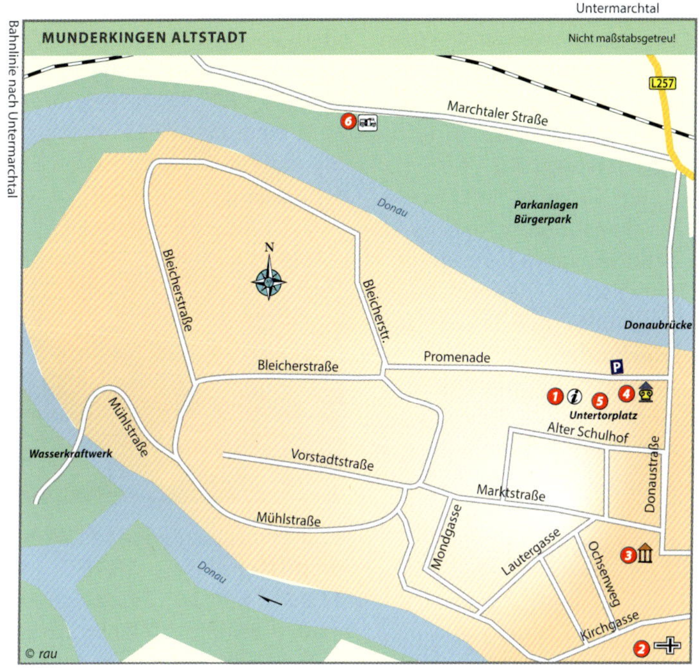

*MUNDERKINGEN ALTSTADT – **1** Touristeninformation - **2** Sankt Dionysus Kirche - **3** Rathaus - **4** Heiliggeistspital, Stadtmuseum - **5** Untertorplatz - 6 Wohnmobilstellplatz*

Schloss ansässigen **Kunstsammlung der Galerie Schrade** (Galerie Schrade, www.galerie-schrade.de) haben. Weniger Kunstbeflissenen sagt vielleicht das **Besenmuseum**, weltweite das erste seiner Art, eher zu.

Zudem bietet das Schloss allen Besuchern die Gaststätte „Schloßstüble Mochental" („Art-Café").

Und wer gut zu Fuß ist kann auf der sog. **„Schlossherrenrunde"** vom Schloss Mochental über den Aussichtspunkt Frauenkirche nach Munderkingen und weiter nach Untermarchtal wandern.

Munderkingen – Das Städtchen, das lange zu Österreich gehörte, mit heute annähernd fünfeinhalbtausend Einwohnern, liegt sehr ansprechend an einem Flußknie der Donau und präsentiert dort eine sehenswerte **Altstadt.**

Die Altstadt von Munderkingen wartet mit sehenswerten Barock-, aber auch mit Fachwerkbauten auf. Zu den Kleinodien des Donaustädtchens zählen die an der höchsten Stelle des Ortes, dem Umlaufberg, errichtete barocke **Sankt Dionysius Kirche (2)** mit dem sehenswerten Vierzehn-Nothelfer-Altar, weiter das **Rathaus**, das einen mittelalterlichen Pranger erhalten hat, sowie das **Heiliggeistspital (4),** Alter Schulhof 1, am Südende der Munderkinger Donaubrücke, das heute das **Stadtmuseum** beherbergt.

Touristische Informationen hält das Büro der **Tourist Info Munderkingen (1) [N48° 14' 12.44" E9° 38' 34.10"]**, Alter Schulhof 2, in der historischen Altstadt, 89597 Munderkingen, Tel. 07393-9534581, bereit *(geöffnet Di 10 - 12 Uhr, 15 - 19 Uhr, Mi + Do 11 - 13 Uhr, Fr 9 - 12 Uhr, 15 - 18 Uhr, Sa 9 - 12 Uhr, Mo + So geschlossen; www.munderkingen.de).*

Für Wohnmobilfahrer gibt es am östlichen Ortsrand von Munderkingen an der Donau und neben der Feuerwache der Freiwilligen Feuerwehr einen bislang kostenlosen **Stellplatz [N48° 14' 0.74" E9° 39' 1.48"],** Kugelwert, einfache Wiese ohne jegliche wohnmobilspezifischen Einrichtungen.

Den kleinen, neueren und

auch zentraler gelegenen **Wohnmobilstellplatz [N48° 14' 17.96" E9° 38' 27.82"]** findet man in der Marchtaler Straße mit ca. 3 Stellplätzen auf kleiner gekiester Fläche neben der V & E

Der sog. „Römerturm" in Emerkingen

Das Krippenmuseum in Oberstadion

Säule Holiday Cleany (Gebühr) mit Stromschlüssen und Frischwasser und Abwasserauslass. Das Wohnmobilstellplätzchen ist durch einen Zaun vom Donauufer getrennt. Maximal zwei Übernachtungen sind zulässig.

Nur rund 4 km südlich von Munderkingen liegt der Ort **Emerkingen** mit seinem stattlichen sog. „**Römerturm“ [N48° 12′ 40.93“ E9° 39′ 25.98“]** mitten im Ort neben der Kirche St. Jakobus. Interessant ist, dass der Turm im Volksmund „Römerturm“ genannt wird, vermutlich deshalb, weil im Turm eine Römermünze gefunden worden sein soll. Römer sollen vor Zeiten in und um Emerkingen gesiedelt haben.

Der viereckige Turm war ursprünglich der Wohnturm einer Burg, die sich die Herren von Emerkingen, einem der wohlhabendsten Geschlechter in der Gegend, um das 11. Jh. errichten ließen. Der sog. „Römerturm“, eigentlich der Burgturm“und letzter verbliebener Rest der mittelalterlichen Burg, die erst zu Beginn des 19. Jahrhunderts bis auf den Turm abgerissen wurde.

Der Turm kann besichtigt werden. In ihm ist heute das **Ortsmuseum** eingerichtet. Und ganz oben sind die Turmuhr der benachbarten Kirche und die Kirchenglocken untergebracht.

Schon einmal in der Gegend südlich der Donau unterwegs, bietet sich Gelegenheit, in der ca. 7 km westlich benachbarten Gemeinde **Oberstadion,** das weit über den Ort hinaus bekannte **Krippenmuseum [N48°**

11‘ 10.54“ E9° 41‘ 30.75“] anzuschauen *(geöffnet Nov. - Jan. + Mitte Apr. - 1. Mai Mo - Fr. 14 - 17 Uhr, Sa, So + feiertags 15 - 17 Uhr, die Öffnungszeiten können sich ändern; https://www.krippen-museum.de/)*. Das Krippenmuseum ist mitten im Ort am Kirchplatz (Parkplatz) neben dem ehemaligen Pfarrhaus gelegen.

Falls Sie dem folgenden Abstecher nach Ehingen etc. nicht folgen wollen, bitte weiter mit **Hauptroute** weiter hinten!

Abstecher nach Ehingen (Donau), nach Schelklingen und nach Blaubeuren

ROUTE: *Man kann den Abstecher von Lauterach zum Schloss Mochental noch ausdehnen und weiter bis ins nahe Ehingen (Donau) fahren.*

Ehingen (Donau), eine Stadt mit annähernd 26.000 Einwohnern, die sich gerne auch als „Bierkulturstadt“ bezeichnen lässt (mehrfach ausgezeichnet), kann immerhin noch heute auf vier alteingessene Brauereien verweisen, die zusammen über 50 Biersorten herstellen.

Von den bis zum Ende des 19. Jahrhunderts über 20 existierenden Brauereien in Ehingen sind heute noch folgende Brauereien tägig: Die Adler Brauerei (Goldener Adler) mit Hotel in der Hauptstraße 116, der Brauerei-Gasthof Schwanen, der Brauerei-Gasthof Rössle (Hauptstraße 171, Brauerei bereits Mitte des 17. Jahrhunderts gegründet) und die Brauerei Schwert von 1675 (Am Viehmarkt 9).

Liegt an der Berg Bier Radtour, die Berg Brauerei

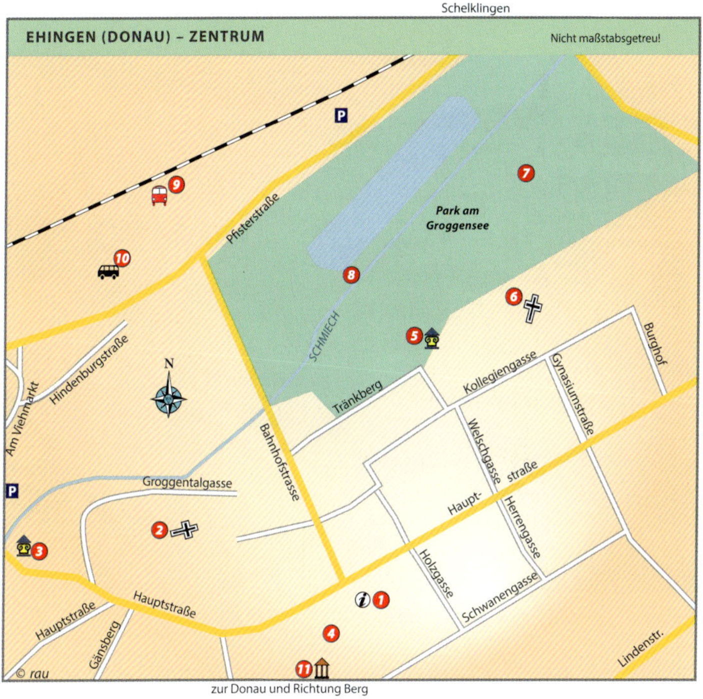

*EHINGEN (DONAU) ZENTRUM – **1** Information - **2** Sankt Blasius Kirche - **3** Stadtmuseum Ehingen - **4** Marktplatz und Marktbrunnen - **5** Städtische Galerie - **6** Konviktskirche - **7** Park am Groggensee - **8** Biergarten (im Sommer) - **9** Bahnhof - **10** Busbahnhof - **11** Rathaus*

In der Adler-Brauerei soll ausgangs des 19. Jahrhunderts angeblich das erste Faßweizenbier hergestellt und ausgeschenkt worden sein.

Die namhafte Berg-Brauerei liegt etwas außerhalb von Ehingen im Ort **Berg** südlich der Donau.

Und natürlich gibt es in Ehingen-Berg ein **Biermuseum [N48° 15′ 44.07″ E9° 44′ 6.43″]** der Berg-Brauerei Ulrich Zimmermann. Im „Braugewölbe" dort erfahren Sie auf Führungen und gegen Gebühr wie im Hause Berg schon seit Generationen Bier gebraut wird. Die Ausstellung in der Brauhausstraße 2 in Berg ist *geöffnet Mo - Do 10 - 12 Uhr, 13.30 - 17 Uhr, Fr 10 - 13.30 Uhr. Im Eintrittspreis ist ein Freibier (0,5l) enthalten; https://www.bergbier.de/; von Okt. – März ist dienstags Ruhetag*. Jedes Jahr um den 4. Juli herum wird ein großes

Ehingen (Donau) und der Groggensee. Foto: Stadt Ehingen

Brauereifest, das **Ulrichsfest**, gefeiert.

Kirchen findet man in Ehingen kaum weniger als Brauereien, nämlich vier - die barocke Konviktskirche (6) am Südrand des Stadtparks „Park am Groggensee“ (7), dann die katholische Pfarrkirche am zentralen Kirchplatz (2), die Liebfrauenkirche, fast am Westende der Hauptstraße und schließlich die evangelische Stadtkirche, ein Backsteinbau im Ostteil der Innenstadt an der Lindenstraße.

Um die Liebfrauenkirche, früher in Ehigen auch als „Untere Kirche“ bekannt, rankt sich eine Geschichte, der die Ehinger ihren Spitznamen „Muckenspritzer“ verdanken. An einem heißen Augustabend hatte sich ein großer Mückenschwarm am Kirchturm versammelt, der von einigen Bürgern als Rauch eines Feuers in der Kirche interpretiert und gemeldet worden war. Als die Feuerspritzen in Stellung gebracht waren, stellte man aber erfreut fest, dass der vermeintliche Rauch nur ein großer Mückenschwarm war, aber die Ehinger hatten von da an ihren Spitznamen weg, sie waren die "Muckenspritzer“.

Gegründet worden sein soll Ehingen an der Schmiech von den Grafen von Schelklingen-Berg im 12. Jh., obwohl einige Ortsteile schon viel früher erwähnt wurden. Nach den Grafen von Schelklingen-Berg kam die Stadt am Nordufer der Donau im 15./16. Jh. an das Reich Kaiser Maximilians und erlebte eine Zeit des Wohlstandes. Nach den Reformationskriegen kam Ehingen bis 1805, als sich Napoleon der Stadt bemächtigte, an das Haus Habsburg von Österreich. Noch heute erinnert das „Österreichische Ständehaus", Marktplatz 3, (heute Amtsgericht) [N48° 16′ 58.24" E9° 43′ 35.17"] am **Marktplatz (4)** an diese Epoche der Stadtgeschichte.

Danach wurde die Gemarkung Ehingen Teil des Königreichs Württemberg.

Heute ist Ehingen auch einer der Standorte der Firma Liebherr, des weltgrößten Herstellers von Kranen; https://www.liebherr.com/de/deu/produkte/mobil-und-raupenkrane/mobil-und-raupenkrane.html. Man sieht das riesige Werksgelände, wenn man von Nordwesten her auf der B465 auf Ehingen zufährt.

Bemerkenwert in der Stadtmitte ist der **Marktbrunnen (4) [N48° 16′ 59.36" E9° 43′ 33.11"]** (oder Theodulbrunnen) auf dem Marktplatz von Ehingen. Der erst vor wenigen Jahren errichtete, von einem, leider

Der Marktbrunnen in Ehingen (Donau)

Der „Speth'sche Hof" in Ehingen beherbergt heute eine Kunstgalerie

vor einigen Jahren verstorbenen Künstler aus Göppingen gestalteten Brunnen, stellt Bronzemotive dar, die im Zusammenhang mit der Ehinger Stadtgeschichte gebracht werden. Gekrönt wird die Brunnensäule vom Schutzpatron der Stadt, dem heiligen Theodul (Theodor von Sitten), einem heilig gesprochenen Bischof aus dem Kanton Wallis in der Schweiz. Die Brunnenfigur des Heiligen hält eine Teufelsfigur über dem Wasserspiegel des Brunnens an einem langen Band.

An Ehingens lange Bierbrautradition erinnern im unteren Teil des Brunnens Hopfen und Gerste.

Natürlich fehlt am Rand des Brunnenbeckens nicht ein Hinweis auf den Kosenmanen der Ehinger - „Muckenspritzer".

Am Brunnenrand sitzt auch ein kleiner Frosch. Dieser Froschkönig ist als kleiner Wasserspeier konzipiert, der angeblich frisches Trinkwasser in den Brunnen abgibt.

Mitte und ausgangs des 17. Jh. mussten die Einwohner von Ehingen große Stadtbrände erleben, die Teile der damaligen Stadtgebäude vernichteten, darunter den als „Schlösschen am Markt" bekannte, repräsentative **Ellenbacher Hof [N48° 16' 58.96" E9° 43' 31.29"]**.

In der befestigten Stadt errichteten oder kauften einige Klöster aus der Umgebung stattliche Anwesen.

Im Westen der Innenstadt liegt z. B. das ehemalige Franziskanerkloster (heute Kulturzentrum), das auf die religiöse Entwicklung der Stadt großen Einfluss hatte. Und das Kloster Untermarchtal erwarb im 18. Jh. den einstigen **Speth'schen Hof (5)**, um daraus ein Collegium (Priesterseminar) zu machen.

Auch das Benediktinerinnenkloster Urspring hatte in Ehingen an der Schulgasse Besitzungen (heute Bürgerhaus). Sogar die Zisterzienserabtei Salem hatte im Zentrum von Ehingen an der Straße Gänsberg eine Dependance.

Auf dem **Bierwanderweg**, der insgesamt rund 14 km lang ist, können Sie viele Sehenswürdigkeiten in Ehingen kennenlernen. Der Bierwanderweg führt z. B. vorbei an den verbliebenen Brauereien bzw. an den Brauereigaststätten, führt zu lauschigen Biergärten. Und wer mag kann die Wanderung ausdehnen hinab ins Donautal oder bis zur Brauerei in Berg.

Wer mit dem Fahrrad unterwegs ist, sollte in Berg nach der **„Berg Bier Tour"** (https://bergbiertour.de/) fragen, einer allerdings fast 120 km langen Zwei-Tages-Radtour. Und falls Sie keine eigenen Räder oder E-Bikes dabei haben, können Sie in Ehingen auch E-Bikes ausleihen.

Kunstliebhaber wird der Stadtspaziergang in Ehingen vermutlich auch in die **Städtische Galerie Ehingen (5) [N48° 17' 4.44" E9° 43' 36.44"]**, Tränkberg 9, am Südrand des **Stadtparks am Groggensee**, führen. Die Ausstellungen moderner Kunst (Sammlung Doris Nöth) sind in den Räumlichkeiten mit schönen Stuckdecken im früheren „Speth'schen Hof" aus der Mitte des 16. Jh. untergebracht *(geöffnet Mi, Sa + So 14 - 17 Uhr)*.

Der Park am Groggensee wird vom Flüsschen Schmiech durchflossen und lädt Besucher ein, sich nach einem ausgiebigen Stadtspaziergang im Sommer im **Biergarten (8)** am Groggensee zu erholen.

Einen größeren öffentlichen **Parkplatz [N48° 17' 1.40" E9° 43' 21.75"]** in Ehingen (Donau), den **P7 am Viehmarkt**, findet man an der Straße Viehmarkt am Flüsschen Schmiech und gleich neben dem alten **Heilig Geist Spital (3)** aus dem 14. Jh. Heute ist in dem historischen Fachwerkgebäude aus dem 14. Jh., dessen Einrichtungen früher armen Ehinger Bürgern als Sozialstation diente, das besuchenswerte **Ehinger Stadtmuseum (3)** eingerichtet *(geöffnet Mi 10 - 12 Uhr, 14 - 17 Uhr, Sa + So 14 - 17 Uhr; https://museum.ehingen.de/)*. Im Mittelpunkt der Ausstellungen im Museum stehen Themen zur Regionalgeschichte.

Im hinteren Teil des Parkplatzes sind noch Reste der **Stadtmauer** mit gedecktem Wehrgang vorhanden, die einstmals die ganze Stadt sicherte und teilweise bis zu zwei Metern dick gewesen sein soll.

Der Parkplatz, der sich auch gut als Ausgangspunkt für ei-

Das Stadtmuseum Ehingen im ehem. Heilig Geist Spital. Foto: Stadt Ehingen, Thomas Rathay

nen Stadtrundgang eignet, liegt übrigens recht zentral in Bahnhofsnähe und unweit südlich des Busbahnhofs (10).

Einen guten Überblick über die Stadt Ehingen hat man vom **Wolfertturm [N48° 16' 44.58" E9° 43' 42.25"]** aus. Der rund 30 m hohen Wolfertturm liegt mitten in einem Park im Süden der Innenstadt von Ehingen *(geöffnet Ostern - September jeweils am erster Sonntag im Monat 10 - 12 Uhr, 14 - 16 Uhr. Schlüssel im Touristenbüro)*. Der Turm wurde ausgangs des 19. Jahrhunderts zu Ehren von Kaiser Wilhelm errichtet. Schön anzuschauen am Turm sind die Portale, die markanten Steine an den vier Ecken des Turmes, die kleinen Balkönchen etwa auf halber Höhe und der Turmabschluss.

Neben dem immer vor dem Fronleichnamstag auf dem Marktplatz zelebrierten historischen Großen Zapfenstreich gilt Ehingen an der Donau als eine Hochburg während der Fasnacht. In der Stadt haben mehrere Fasnachtszünfte ihre Heimat, die Einheimische an Ihren typischen Holzmasken erkennen, wenn sie anlässlich der **Ehinger Fasnet**, vor allem am Fasnachtsdienstag die Straßen und Gassen der Stadt mit dem Ehinger Narrenruf „Kügele-hoi" „unsicher" machen.

Wanderer wird interessieren, dass man in Ehingen zu ei-

PRAKTISCHE HINWEISE - EHINGEN/DONAU

Touristeninformation Ehingen [N48° 16' 57.31" E9° 43' 35.38"], im Rathaus am Marktplatz 1, 89584 Ehingen, Tel. 07391-503216; www.ehingen.de. *Geöffnet Apr. - Okt. Mo - Do 8 - 16.45 Uhr, Fr 8 - 12 Uhr, Sa 9 - 12 Uhr.*
Wintersaison: Nov. - März Mo - Do 8 - 16.45 Uhr, Fr 8 -12 Uhr.

WOHNMOBIL-STELLPLATZ

Wohnmobil-Stellplatz Ehingen [N48° 16' 46.20" E9° 44' 2.39"], Am Stadion. **Zufahrt/Lage:** Am südlichen Stadtrand. **Gebühr:** Stellplatz kostenlos, Gebühr für Strom und Wasser. **Geöffnet:** Ganzjährig. Max. Aufenthalt 4 Nächte. **Ausstattung:** Beleuchteter Parkplatz vor den Sportanlagen auf geteerter Fläche mit Grasanteil, für ca. 10 bis 15 Wohnmobile. Stromanschluss. Frischwasser (März - Nov.), V & E-Einrichtung. WLAN (kostenlos). Restaurant und Einkaufsmöglichkeiten in Gehnähe.

Der Wolfertturm. Foto: Stadt Ehingen.

ner besinnlichen und mit Qualitätssiegeln zertifizierten Wanderung starten kann. Der gut 50 km lange „Besinnungsweg Ehinger Alb". Der Themenweg, der unter dem Motto steht „Das ‚Mehr des Lebens' entdecken!" oder auf gut Schwäbisch „Bsen de au!" („besinne dich!") führt von Ehingen westwarts über Altsteußlinen und Dächingen, mit dem an Wochenenden zwischen Ostern und Ende Oktober geöffneten Informationszentrum Ehinger Alb, nach Granheim (Modemuseum, Turmuhrenmuseum) und Erbstetten und der seit der Reformation evangelischen Gemeinde Mundingen (ev. Gemeinden sind eine große Seltenheit in der Gegend) durch hügelige Waldgebiete zurück nach Ehingen an der Donau.

Wer mag, kann dem Besinnungsweg auch mit dem Auto folgen. Dazu verlässt man Ehingen auf der B465 und folgt im Weiteren Landstraßen ab Frankenhofen. In vielen Orten unterwegs kann man besinnlichen Themenwegen nachwandern.

ROUTE: Nur wenige Kilometer nördlich von Ehingen/Donau liegt an der B492 ***Schelklingen****.*

Schelklingen, eine Gemeinde mit fast 7.000 Einwohnern und einem großen Zementwerk, ist Teil des Biosphärengebiets Schwäbische Alb.

Die Herz-Jesu-Kirche in Schelklingen und rechts das Stadtmuseum

Markant sind die **Burgruine** der Grafen von Berg über dem Ort und die **Herz-Jesu-Kirche** im Zentrum von Schelklingen. Von der Burg, die schon vor gut 1.000 Jahren entstanden sein soll und später an die Grafen von Berg fiel, ist heute nur noch der stattliche Bergfried, der sog. „Schlossturm" mit seinen markanten Buckelquadern, übrig geblieben. Vom Turm (falls zugänglich) genießt man einen schönen Panoramablick. Burg und Stadt Schelklingen kamen im 14. Jahrhundert an Österreich. Und erst gut 500 Jahre später konnte Schelklingen das Anwesen zurückerwerben.

Das **Museum [N48° 22' 33.26" E9° 44' 1.16"]** über Schelklingens Stadtgeschichte findet man im attraktiven Fachwerkbau des ehemaligen „Spitals zum Heiligen Geist" in der Spitalgasse unweit südlich der zentralen Herz-Jesu-Kirche *(Museum geöffnet ganzjährig So 10 - 12, 14 - 16 Uhr, außer an Weihnachten, Ostern, Pfingsten und an Feiertagen; Tel. 07394 -248 17; www.museum-schelklingen.de).* Ein Teil der Ausstellungen befasst sich mit der Archäologie und der Besiedelingsgeschicht der Region und dem alten Handwerk der Töpfer, die früher als „Häfner" bekannt waren.

Am Südrand des Ortes im Friedhof Schelklingen an der Ehinger Straße in Bahnhofsnähe ist die **Sankt Afra Kapelle [N48° 22' 21.15" E9° 44' 1.78"]** wegen ihrer fast schon verblassten Wandfresken aus der Zeit der Gotik (ca. 15. Jh.) interessant.

Heute ist die Gemeinde Schelklingen, die längst im Rahmen der Aktion „Höhlen und Eiszeitkunst der Schwäbischen Alb" zum UNESCO Welterbe erkoren wurde, aber eher bekannt für die in der nahen **Höhle Hohle Fels [Parkplatz, N48° 22' 47.33" E9° 45' 7.43"]** am östlichen Ortsrand gemacht wurden, wie die sog. **„Venus vom Hohle Fels"**, einem rund 40.000 Jahre alten, üppigen Frauenfigürchen aus Mammut- elfenbein, die weltweit als älteste menschliche Darstellung gilt, oder eine „Geierknochenflöte" (gefunden in der nahen Höhle Geißenklösterle), das älteste bislang entdeckte Musikinstrument der Menschheit. Heute sind die beiden Sensationsfunde zusammen mit anderen uralten Höhlenfunden aus dem Achtal (meist Miniaturfigürchen von Tieren) im Urgeschichtlichen Museum Blaubeuren URMU ausgestellt. *Die Höhle Hohle Fels ist, außerhalb der Corona-Pandemie, geöffnet von Anf. Mai bis Ende Oktober Mi - Fr 14 - 17 Uhr, Sa 12 - 17 Uhr, So 11 - 17 Uhr.*

In der Gegend um Schelklingen entspringen diverse Flüsschen, wie die **Ach**, **reizvoller Achtopf [N48° 22' 36.22" E9° 43' 0.68"]**, am Westrand von Schelklingen und dem Herz-Je-

Der Eingang zur Höhle „Hohle Fels" bei Schelklingen

su-Berg), die **Schmiech**, die südwärts fließt und bei Ehingen in die Donau mündet, und die **Urspring**, die in einem romantischen Karstquelltopf nordwestlich von Schelklingen entspringt. Die Quelle der Urspring liegt bei einem ehemaligen Nonnenkloster des Benediktinerordens, heute Internat [Parkplatz, N48° 22′ 52.41″ E9° 43′ 6.82″].

Interessante Spaziergänge sind im **Naturschutzgebiet und Feuchtbiotop „Schmiechener See" [N48° 21′ 13.53″ E9° 43′ 47.27″]** möglich. Der heute weitgehend verlandete See liegt südöstlich der Orte Schelklingen und Schmiechen. Die Wege durch das Naturschutzgebiet führen vorbei an Info- und Hinweistafeln und an hölzernen Hochständen zur Vogel- und Naturbeobachtung.

Informationen touristischer Art hält das Büro der **Tourist-Info Schelklingen [N48° 22′ 31.0″ E9° 44′ 01.4″]**, Marktstr. 15, 89601 Schelklingen, Tel. 07394-248 17; http://www.schelklingen.de/Home/Freizeit+_+Kultur.html; E-Mail: tourismus@schelklingen.de, bereit

Westlich von **Schmiechen** im oberen Tal des Flüsschens Schmiech enstand in der zweiten Hälfte des 19. Jahrhunderts in **Teuringshofen** das erste **Wasserpumpwerk** der Alb-Wasserversorgung und damit der erste Schritt zu einer regelmäßigen und verlässlichen Trinkwasserversorgung für viele Orte auf der Schwäbischen Alb. Das historische Pumpwerk, ein Industrie - und Technikdenkmal, dient heute als **Museum [N48° 22′ 1.50″ E9° 40′ 30.73″]**, *geöffnet und Führungen nach Voranmeldung unter Tel. 07394/24817; https://www.tourismus.alb-donau-kreis.de/thema/albwasserversorgung-pumpwerk-teuringshofen/.*

Im gleichen Zeitraum des 19. Jahrhunderts wurde auch eine erste Bahnlinie durch das Schmiechtal gebaut, die Orte auf der Schwäbischen Alb an die große weite Welt anband.

*ROUTE: Nur eine kurze Autofahrt auf der Bundesstraße B492 von Schelklingen nach Nordosten ist **Blaubeuren** entfernt.*

Blaubeuren präsentiert sich als ein hübsches Städtchen mit ca. 12.500 Einwohnern im Blau- und Achtal. Das Städtchen ist weit über seine Grenzen hinaus bekannt für seinen oft blau schimmerden, überaus schön gelegenen, über 20 Meter tiefen **Blautopf (4) [N48° 24′ 57.21″ E9° 47′ 3.33″]**. Und dieser Blautopf gilt als die wohl größte Karstquelle (mit einer größten Schüttung von angeblich bis zu 32.000 Liter pro Sekunde). Die Karstquelle ist Ursprung des Flüsschens Blau, die in Ulm in die Donau mündet. Der Blautopf zählt mit zu den be-

Die historische Hammerschmiede am Blautopf am Nordrand von Blaubeuren

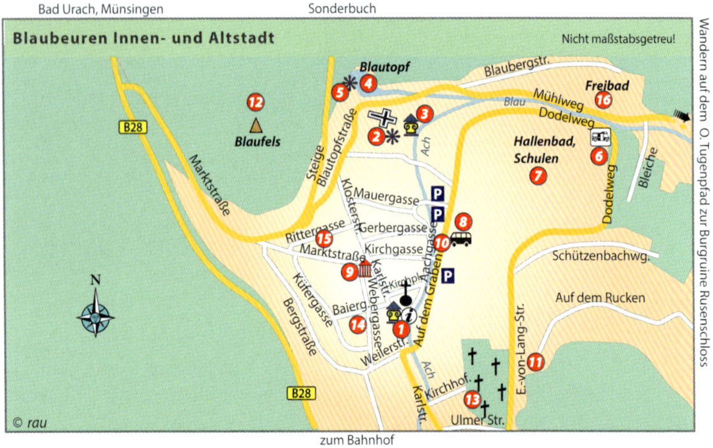

*BLAUBEUREN-ZENTRUM – **1** Touristeninformation, Urgeschichtliches Museum URMU, Kirche St. Peter und Paul - **2** Kloster Blaubeuren, Kolsterkirche, Klosterhof - **3** Badhaus der Mönche, Stadtmuseum - **4** Blautopf, Hammerschmiede - **5** Schlöne Lau - **6** Wohnmobilstellplatz - **7** Hallenbad, Sporthalle, Schulen, Stadtpark - **8** Busbahnhof - **9** Rathaus, Marktplatz - **10** Hoher Wil - **11** Jugendherberge - **12** Blaufels - **13** Friedhof Blaubbeuren - **14** Kleines Großes Haus - **15** Oberamtei - **16** Freibad*

liebtesten Ausflugszielen auf der Schwäbischen Alb.

Rund um den Blautopf führt ein lauschiger Spazierweg, der vorbei an der historischen **Hammerschmiede (4) [N48° 24‘ 57.80“ E9° 47‘ 1.46“]**, später an der romantisch am Blautopf im Schatten der Uferbäume stehenden Steinskulptur der **„Schönen Lau“ (5) [N48° 24‘ 58.06“ E9° 47‘ 0.93“]** vorbei führt.

Der Pastor und romantische Dichter und Schriftsteller *Eduard Mörike* (1804 - 1875) hat die **Sage von der Schönen Lau** in seiner Erzählung „Die Historie von der Schönen Lau“ zum Thema gemacht. Die Sage von der „Schönen Lau“ von Eduard Mörike, nacherzählt: Einst lebte am Grund des Blautopfs eine hübsche Wassernixe mit ihrem gesamten Hofstaat. Die Nixe unterschied sich von anderen liebreizenden Frauen nur dadurch „... dass sie zwischen den Fingern und Zehen eine Schwimmhaut hatte, blühweiß und zärter als ein Blatt vom Mohn ...“. Der Mann der Wassernixe, ein Donaunix, hatte sie in den tiefen Quelltopf verbannt, weil sie immer wieder nur tote Babys gebar.

Dieser Fluch konnte angeblich nur dadurch gebannt werden, wenn es der Nixe gelang, fünfmal ganz herzlich zu lachen.

Nun soll es einer Frau aus Blaubeuren tatsächlich gelungen sein u. a. mit dem Zungenbrecher-Sprüchlein „'s leit a Klötzle Blei glei bei Blaubeura - Glei bei Blaubeura leit a Klötzle Blei" die Nixe zum Lachen gebracht zu haben. Über die Geschichten und Sprüche der Blaubeurerin musste die schöne Wassernixe so herzhaft lachen, dass der Fluch fürderhin gebannt war und die schöne Lau konnte die Tiefen des Blautopfs verlassen.

Skulptur der „Schönen Lau" am Blautopf

Nicht in die Welt der Sagen zu verweisen sind die Erkundungen des ursprünglich aus Pforzheim stammenden Höhlentauchers *Jochen Hasenmayer,* der den Blautopf und die darunter befindlichen, kilometerlangen wassergefüllten Höhlengänge erkundete (bislang sind fast 15 km der endlos erscheinenden Höhlengänge erforscht), und dabei gigantische große Hallen und Dome entdeckte, wie den riesigen „Mörikedom". Leider ist Herr Hasenmayer nach einem Dekompressionsunfall (nicht nach einem Tauchgang im Blautopf) nun querschnittsgelähmt, aber mit seinem, nach seinen Angaben konstruierten Mini-U-Boot, dem „Speleonaut", dem Höhlentauchen treu geblieben.

Sollte man von Süden her über die Ulmer Straße nach Blaubeuren kommen, passiert man den markanten Felsstock, den „Metzgerfelsen", das berühmte **„Klötzle Blei" [N48° 24' 26.67" E9° 47' 34.14"]**

Kirchplatz 10, Blaubeuren, Urgeschichtliches Museum URMU und Touristenbüro

aus dem Zungenbrecherspruch aus der Sage um die schöne Lau.

Die Hammerschmiede, Mitte des 18. Jahrhunderts als Getreidemühle gebaut, ist mit ihrem markanten, noch funktionsfähigen Wasserrad am Westrand des Blautopfes gelegen und kaum zu übersehen.

Zu Beginn des 19. Jahrhunderts wurde aus der Getreidemühle eine leistungsfähige Hammerschmiede gemacht, in der

Das Kloster in Blaubeuren

Blaubeuren, Blautopf und ehemalige Klosterkirche

Die uralte Figur der „Venus vom Hohlefels" ist heute im Urgeschichtlichen Museum URMU in Blaubeuren zu sehen. Foto: Urgeschichtliches Museum Blaubeuren, mit freundicher Genehmigung.

z. B. Schaufeln oder Pflugschare und andere Werkzeuge geschmiedet wurden. Arbeiten und Herstellungsprozeduren gingen mit einer Hammerschmiede viel schneller von der Hand als in gewöhnlichen Schmieden. Heute ist die Hammerschmiede als Schauwerkstatt eingerichtet *(geöffnet Anf. Apr. - Ende Okt. tgl. a. Mo 11 - 17 Uhr. Es werden Schmiedekurse angeboten).* Ein Teil des Gebäudes wird als Souvenirladen genutzt.

Besonders sehenswert in Blaubeuren sind die Gebäude des bereits im 11. Jahrhundert entstandenen **Benediktinerklosters (2) [N48° 24' 53.95" E9° 47' 4.60"]** *(geöffnet 1. März - 1. Nov. tgl. 10 - 17 Uhr; 2. Nov. - 28./29. Feb. Mo - Fr 14 - 16 Uhr, Sa, So und feiertags 11 - 16 Uhr, Führungen möglich; https://www.blaubeuren.de/tourismus)* und die **Klosterkirche** mit ihrem gotischen Kreuzrippengewölbe, dem prächtig geschnitzten Flügelaltar und dem sehenswerten Chorgestühl.

Kloster und Städtchen waren im Mittelalter durch eine Mauer noch strikt getrennt. Heute sind in den Gebäuden des Klosters ein Seminar und ein evangelisches Internat eingerichtet.

Eine Besonderheit des Klosters ist das mittelalterliche **Bad-**

haus der Mönche (3) [N48° 24' 54.78" E9° 47' 7.75"], Klosterhof 11, ein Einrichtung am Flüsschen Ach, *(geöffnet Apr. - Okt. tgl. 10 - 17 Uhr)*. In dem Gebäude ist in den oberen Stockwerken, die einst auch als Herberge adliger Gäste dienten, das regionale **Heimatmuseum** eingerichtet. Kloster und Badehaus (Kombiticket) können besichtigt werden. Führungen sind nach Voranmeldung möglich, Tel. 07344 962610; https://www.blaubeuren.de/de/Tourismus/Altstadt/Kloster.

Ein Rundfahrtbähnchen, das **„Blautopfbähnle" [N48° 24' 56.64" E9° 47' 4.52"]**, verkehrt zwischen April und Oktober von Freitag bis Sonntag und feiertags und bringt Sie bequem zu allen wichtigen Sehenswürdigkeiten in Blaubeuren. Startpunkt des Blautopfbähnle ist zwischen Blautopf und ehemaliger Klosterkirche in der Straße Mühlweg. Falls Sie lieber auf eigene Faust zu Fuß durch Blaubeuren streifen wollen, folgen Sie einfach den metallenen Säulen mit Richtungspfeilen, die Sie auf einem rund 1,5 km langen **Rundgang durch die Altstadt** (siehe auch „Stadtspaziergang durch die Altstadt") von Blaubeuren führen und begleiten.

Im **Urgeschichtlichen Museum Blaubeuren URMU (1) [N48° 24' 42.48" E9° 47' 6.92"]** können Sie u. a. die Sensationsfunde besichtigen, die Archäologen z. B. in der Höhle „Hohle Fels" bei Schelklingen oder weiter nordöstlich in der Höhle Vogelherd, einer zum UNESCO-Welterbe erkorenen Höhle im Lonetal („Archäopark Vogelherd" bei Stetten ob Lonetal bei Niederstotzingen) machten. Zu den Glanzstücken des Museums zählen u. a. ein kleines Mammutfigürchen und die über 40.000 Jahre alte Frauengestalt aus Mammutelfenbein, die „Venus vom Hohle Fels". *Das Museum ist geöffnet 1. Apr. - 31. Okt. tgl. a. Mo 10 - 17 Uhr; 1. Nov. - 31. März Di - Sa 14 - 17 Uhr, So 10 - 17 Uhr.*

Spaziergang durch die Alt stadt von Blaubeuren

Der knapp 2 km lange Rundgang durch die Altstadt von Blaubeuren ist von Metallsäulen mit Richtungspfeilen gekennzeichnet.

Am einfachsten beginnt man den Rundgang am **Touristenbüro (1) [N48° 24'42.43" E9° 47' 6.94"]** an der **Stadtkirche St. Peter und Paul (1)** am Kirchplatz. Gleich neben dem Touristenbüro liegt im gleichen Gebäude, dem ehemaligen Heilig-Geist-Spital, das unbedingt besuchenswerte Urgeschichtliche Museum Blaubeuren URMU (1) [N48° 24' 42.39" E9° 47' 6.59"].

Die Kirche gegenüber vom Urgeschichtlichen Museum ist die Kirche der evangelischen Kirchengemeinde in Blaubeuren. Die im Inneren schlicht ausgestattete Kirche mit der holzverkleide-

Blaubeuren, Altstadt an der Achgasse

ten Decke des Kirchenraums entstand um 1500 im gotischen Stil, was vor allem an der Westfassade deutlich erkennbar ist.

Vom Touristenbüro/Urgeschichtlichen Museum bzw. von der Westseite der Stadtkirche geht man westwärts durch die Adlergasse bis zur Webergasse. Das Eckhaus gegenüber (Ecke Weber- und Baiergasse) ist das historische **Kleine Große Haus (14) [N48° 24‘ 42.59“ E9° 47‘ 2.23“].** Das Gebäude stammt aus dem 15. Jahrhundert, diente einstmals als Pfarrhaus und wird heute vornehmlich als Veranstaltungsort genutzt. Markant sind die durch Malerei am Erkertürmchen angedeuten sog. „Diamantsteine“. Gleich gegenüber liegt an der Webergasse das gemütliche Gasthaus „Wirtschaft zum Schwanen“.

Vom Kleinen Großen Haus gehen wir durch die Webergasse nordwärts über den **Marktplatz (9) [N48° 24‘ 46.19“ E9° 47‘ 2.14“]** neben dem **Rathaus (9),** einem stattlich Fachwerkbau mit Uhr und Türmchen und mit dem Markbrunnen davor. Unter den Arkaden des Rathauses sollen früher Handwerker und Bauern ihrer Dienste bzw. Produkte angeboten haben.

Nach dem Rathaus kommt man auf die Karlstraße, die im weiteren Verlauf Klosterstraße heißt.

Kurz nach dem Rathaus/Marktplatz zweigt links die Rittergasse ab. Interessant ist hier ein weiteres Fachwerkhaus (Rittergasse 3), die **Oberamtei (15) [N48° 24‘ 48.04“ E9° 46‘ 57.75“]**, mit Treppe hinauf zum Eingang, einem früheren Status-

PRAKTISCH HINWEISE - BLAUBEUREN

Touristeninformation Blaubeuren [N48° 24' 42.44" E9° 47' 7.14"], Kirchplatz 10, 89143 Blaubeuren, Tel. 07344-966990; https://www.blaubeuren.de/tourismus; außer, während der Corona-Pandemie ist das Touristenbüro *geöffnet 15. März - 30. Nov. tgl. 10 - 17 Uhr; 1. Dez. - 14 März Mo - Sa 10 - 12, So 10 - 17 Uhr.* Im selben Haus ist das Urgeschichtliche Museum Blaubeuren URMU eingerichtet.

Klassische Führungen: von April bis Oktober immer am Samstag und Sonntag um 14:30 Uhr für jedermann, Treffpunkt ist die Tourist-Info. Führungen für Gruppen ganzjährig auf Anfrage.

WOHNMOBIL-STELLPLATZ

Wohnmobil-Stellplatz Blaubeuren [N48° 24' 54.77" E9° 47' 28.01"], Dodelstraße. **Lage/Zufahrt:** Im nördlichen Ortsbereich. Durch die Zufahrtstraße vom Flüsschen Blau getrennt. **Geöffnet:** Ganzjährig. **Gebühr:** Gebührenpflichtig, Kassenautomat. **Ausstattung:** Befestigter, von Bäumen umgebener Parkplatz mit markierten Stellplätzen für ca. 20 Wohnmobile. Strom (Gebühr), V & E-Station, Frischwasser. Neben dem Freibad und den Sportplätzen. In Gehnähe zum Kloster und zum Blautopf. Max. Aufenthalt auf dem Stellplatz: 48 Stunden.

symbol. Einst resiederte hier der Ortsvogt, heute ist in dem Gebäude eine Polizeistation untergebracht.

Die Klosterstraße geht in Blautopfstraße über. Durch das Portalhaus gelangt man in den **Klosterhof (2) [N48° 24' 53.24" E9° 47' 0.50"]** und damit in den Bereich des Klosters von Blaubeuren (siehe auch weiter vorne unter Benediktinerkloster).

Nur wenig weiter kommt man zum **Blautopf (4) [N48° 24' 57.12" E9° 47' 1.87"]** und zur **Hammerschmiede (4)**. (siehe auch weiter vorne).

Wer will, kann einen Spaziergang im Baumschatten und vorei an der Steinstatue der „Schönen Lau" (5) um den Blautopf machen. An den Wasserwerken (nicht zu besichtigen) der Albwasserversorgung kommt man schließlich zum Mühlweg. Er führt über eine Bachbrücke ostwärts zurück.

An der Nordseite der ehemaligen Klosterkirche findet man ein öffentliches WC und den Abfahrtspunkt des Rundfahrtbähnchens „Blautopfbähnle".

Man geht nun zurück bis zum Portalhaus und durch das Torhaus hinein in den **Klosterhof (2) [N48° 24' 53.95" E9° 47' 4.60"]**. Neben einem Besuch im Kloster ist zu einer Besichtigung der ehemaligen **Klosterkirche** zu raten (u. a. Altar, Kreuzgang, Brunnenkapelle).

Von Klosterhof kann man einen kurzen Abstecher nordwärts zum **Badhaus der Mönche (3) [N48° 24' 54.78" E9° 47' 7.75"]** unternehmen. Das Badhaus am Flüsschen Ach ist heute europaweit eine architektonische Rarität. Es gibt angeblich kein anderes Mönchskloster in ganz Europa mehr, das noch ein ähnliches Gebäude erhalten konnte. Dazu kommt, dass in den oberen Stockwerken, wie weiter vorne schon erwähnt, heute das regional Heimatmuseum eingerichtet ist.

Entlang der Ach oder Aach, dem ehemaligen Gerberviertel in Blaubeuren, gehen wir zurück zum Ausgangspunkt an der Stadtkirche. Unterwegs fällt ein großes Fachwerkhaus mit imposant großem Satteldach an der Aachgasse auf, der **Hohe Wil**, (großes steiles Dach) **(10) [N48° 24' 46.60" E9° 47' 9.23"].** Interessant sind die Holzbalkone an vielen der Häuser, auf denen, als hier noch gegerbt wurde, die frischgegerbten Häute zum Trocknen aufgehängt wurden. Warscheinlich konnte man damals den Duft von trocknendem Leder im ganzen Viertel riechen.

Wandern rund um Blaubeuren

Eine zu Fuß erreichbare, relativ umfassend erhaltene Ruine ist das **Rusenschloss [N48° 24' 21.62" E9° 48' 6.88"]** aus der Stauferzeit des 13. Jahrhunderts. Die kühn am Rand einer Felskante über dem Blautal gelegene Ruine befindet sich östlich der Blau in einem Waldgebiet mit Steilhängen und südöstlich von Blaubeuren. Wer sich die Mühe des Aufstiegs zur Ruine antut, wird mit einer prächtigen Aussicht ins Blautal belohnt. Einen günstig gelegenen **Parkplatz [N48° 24' 4.76" E9° 47' 50.02"]**, um hinauf zur Ruine Rusenschloss zu wandern, findet man am Riedweg beim Sportplatz Gerhausen. Vom Parkplatz geht man zunächst nordwärts und gleich nach der Eisenbahnunterführung rechts über das Brücklein „Hessensteg" über die

Blau und durch ein Waldgebiet hinauf zur ehemaligen Burg. In der Nähe der Ruine des Rusenschlosses sind kleine Höhlen zu finden, wie die „Große Grotte" und die „Kleine Grotte".

Nicht minder prächtig sind die Ausblicke von der ebenfalls nur zu Fuß erreichbaren Ruine **Günzelburg [N48° 24' 29.88" E9° 46' 5.98"]**. Die Reste der auf einer rund 690 Meter hohen bewaldeten Anhöhe gelegenen Günzelburg sind westlich von Blaubeuren bei dem Ortsteil Weiler im Achtal zu finden.

Man kann die Wanderung zur Günzelburg etwas ausdehnen und über die Felsformation **"Küssende Sau" [N48° 24' 21.09" E9° 46' 33.75"]** im Felsenlabyrinth und vorbei an der **Brillenhöhle [N48° 24' 18.83" E9° 46' 39.08"]** gehen.

Beide Wanderungen, zum Rusenschloss und zur Günzelburg, zu der letztendlich ein Treppenweg mit Geländer führt, werden besonders Spaß machen, wenn man gut zu Fuß ist.

Südlich von Blaubeuren, westlich vom Ortsteil Gerhausen, kann man von der Waldgaststätte „Zum Schillerstein" mit Biergarten, hinaufwandern zum **Denkmal „Schillerstein" [Waldgaststätte: N48° 23' 46.62" E9° 47' 18.06"; Denkmal: N48° 23' 55.38" E9° 47' 39.42"]**. Das Denkmal wurde 1905 anlässlich des 100sten Todestages des schwäbischen Dichterfürsten aus Marbach am Neckar, Friedrich Schiller (1759 - 1805), errichtet.

Rund um Blaubeuren führt der fast 11 km lange **Wanderweg „Blaubeurer Felsenstieg/Eiszeitpfad"**, der ausdauernde Wanderer unter anderem auch zum Rusenschloss und zur Günzelburg führt. Ausgangspunkt ist der Bahnhof in Blaubeuren [Parkmöglichkeit, N48° 24' 14.34" E9° 47' 29.61"]. Hinter dem Bahnhof findet man ein Einkaufszentrum mit Parkplatz.

HAUPTROUTE

*ROUTE: Von Lauterach südwärts nach **Neuburg/Lauterach**.*

Spaziergang zur Lautermündung

Um zur Lautermündung zu gehen, parkt man am einfachsten in **Neuburg/Gemeinde Lauterach** (nicht zu verwechseln mit der Stadt Neuburg an der Donau kurz vor Ingolstadt) vor der **Ortskirche St. Michael [Parkmöglichkeit, N48° 14' 45.52" E9° 35' 16.06"].**

Vom Parkplatz geht man links um das Kirchenareal herum und später über einen Fahrweg, dessen Spuren mit Platten befestigt sind, durch ein Buschwaldgebiet ca. 600 m relativ steil hinab zur Donau. Unten geht man durch die Eisenbahnunterführung, danach rechts (ca. 100 m) zu einer kleinen Holzbrücke über die Große Lau-

St. Michaelskirche und Parkmöglichkeit in Neuburg bei Lauterach

ter. Von der Brücke hat man einen Blick zur Mündung in die Donau.

*ROUTE: Von Neuburg zurück nach Lauterach und weiter Richtung **Untermarchtal** jenseits der Donau.*

Die Straße L231 führt südöstlich von Lauterach durch ein Naturschutzgebiet, durch das einstmals die **Ur-Donau** floss.

Auf dem Weg nach Untermarchtal sieht man später an der Straße die Anlage einer früheren Kalkbren-

Die Mündung der Großen Lauter in die Donau bei Neuburg/Lauterach

Das Kalkofenmuseum bei Untermarchtal

nerei mit ihrem markanten gemauerten Kamin über dem Schachtofen, die heute als **Kalkofenmuseum Untermarchtal** dient **[Parkmöglichkeit, N48° 14' 47.9" E9° 36' 49.4]**. Ein seltenes Museum, das sich heute als besuchenswertes technisches Kulturdenkmal präsentiert *(geöffnet Apr. - Sept. an Sonn- und Feiertagen 13 - 17 Uhr)*.

Der Kalkofen bei Untermarchtal, der erst Anfang des vergangenen Jahrhunderts errichtet wurde, ist einer der letzten seiner Art weit und breit, der bis zu Beginn des Zweiten Weltkriegs in Betrieb war. Gebrannt wurde hier mit bis zu 900 Grad viele Stunden lang Kalkgestein aus dem nahen Kalksteinbruch. Wenn geöffnet sieht man in der immer noch voll funktionsfähigen Kalkbrennerei vom Brennen des Kalkgesteins über das Beschicken des Kalkschachtofens über die nach wie vor vorhandene sog. „Gichtbühne" bis hin zum Brennen im Ofen den Werdegang des „Branntkalks", einem uralten Baustoff, der schon in der Antike Verwendung fand. Nach dem Brennen des Kalkgesteins wurde der „Branntkalk" mit Wasser zu Kalkmörtel weiterverarbeitet.

Mit der Industrialsierung kam das Ende für viele der kleinen Kalköfen.

Touristische Informationen erhält man in der Gemeinde Untermarchtal im Rathaus am **ehemaligen Bahnhof [N48° 14' 24.20" E9° 36' 44.51"]**, Bahnhofstraße 4, 89617 Untermarchtel, Tel. 07393 - 917383; www.gemeinde-untermarchtal.de *(geöffnet Mo - Do 8 - 12 Uhr, 13.30 - 17 Uhr, Fr 8 - 12 Uhr; Mittwoch-Nachmittag geschlossen)*.

ROUTE: Vom Kalkofenmuseum westwärts auf der

Das ehemalige Kloster und die Zwillingstürme des Münsters St. Peter und Paul, der Klosterkirche in Obermarchtal

B311 vorbei an ***Untermarchtal*** *(Kloster, Mutterhaus der Barmherzigen Schwestern vom hl. Vinzenz von Paul, und dem zum Kloster gehörenden „Garten Eden") ins benachbarte* ***Obermarchtal.*** *Beide Orte liegen an der Donau.*

Einen Besuch lohnt besonders das ehemalige **Kloster Obermarchtal [N48° 14' 6.78" E9° 34' 11.90"]**. Ort und Kloster Obermarchtal gelten heute u. a. als eine bedeutende Station an der Oberschwäbischen Barockstraße.

Das ehemalige Prämonstratenser-Stift Obermarchtal zählt zu den bestens erhaltenen barocken Klosteranlagen im Schwabenländle. Vor allem im 17. und 18. Jahrhundert wurde die Anlage maßgeblich renoviert und umgebaut. Heute beherbergt das Anwesen vor allem katholische schulische Einrichtungen.

Sehr sehenswert ist die erst 2001 zum Münster erhobene, aus dem Ende des 17. Jh. stammende **Klosterkirche St. Peter und Paul** mit ihrem reichen barocken Stuckschmuck und ihrer seltenen Holzhey-Orgel aus dem 18. Jahrhundert, die jeweils sonntags und bei Orgelkonzerten ertönt.

Markant sind die beiden Zwiebeltürme der Kirche, die wie eine

Landmarke, hoch über dem Donautal aufragen.

Falls zugänglich, sollten Sie sich auch den Kapitelsaal und das freskengeschmückte Refektorium ansehen. Im Münster ist - neben den barocken Dekorationen - das prächtig geschnitzte Chorgestühl bewundernswert.

Über den Weiterbestand des **Museums Marchtal** in Obermarchtal, Hauptstr. 2, **[Parkmöglichkeiten, N48° 14‘ 6.02“ E9° 34‘ 11.46“],** direkt vor den Toren der ehemaligen Klosteranlage gelegen, konnte nur in Erfahrung gebracht werden, dass es außerhalb der Corona-Pandemie zwischen April und Oktober jeden 1. und 3. Sonntag von 13 - 17 Uhr und nach Vereinbarung geöffnet war; https://www.obermarchtal.de/freizeit/sehenswertes/museum-marchtal. Das Museum (Eintritt) informiert über eines der reichsten Barockklöster in Oberschwaben, seinen Werdegang und seine Kultur vom Mittelalter über die Zeit der Fürsten von Thurn und Taxis, die anfangs des 19. Jhs. ihren Sitz im Kloster hatten, bis in die heutige Zeit. Zu sehen sind neben Exponaten, die sich auch mit der musischen Seite des Klosterlebens befassen, vor allem kostbare Messgewänder. Führungen im Museum sind nach Voranmeldungen möglich, Tel. 07375/1308.

Der **Rastplatz „Donaublick“ [N48° 14‘ 13.04“ E9° 34‘ 7.91“]** am Mühlweg unterhalb des Klosters Obermarchtal ist für große Wohnmobile etwas schwierig zu erreichen.

Etwas einfacher zu erreichen ist der nur durch ein Laubwäldchen vom Südufer der Donau getrennte **Picknickplatz „Grillhütte Obermarchtal“ [N48° 14‘ 11.72“ E9° 34‘ 1.14“]** von der Straße L249 (Obermarchtal – Rechtenstein) nordöstlich von Obermarchtal aus.

Unweit von Obermarchtal liegt donauabwärts an einem Kanal des Flusses das **Donauwasserkraftwerk Alfredstal [N48° 14‘ 30.19“ E9° 34‘ 38.43“]**. Das „**Maschinen unterm Münster - MuM-Industriedenkmal“**, eine über 100 Jahre alte, aber immer noch funktionsfähige Kraftwerksanlage kann auf Führungen gegen Eintritt und nach Absprache bzw. Voranmeldung unter Tel. 07373/915299 oder mobil 0172-6374863 besichtigt werden; http://www.mum-wasserkraft.de/.

*ROUTE: Von Obermarchtal auf der Straße L249 nordostwärts bis **Rechtenstein** an der Donau.*

Der rund 1.000 Jahre alte Ort **Rechtenstein** an der Donau mit heute annähernd 300 Einwohnern wurde vermutlich von den Herren von Stain gegründet.

Der Familie von Stain wird auch die Errichtung der Burg Rechtenstein oberhalb der Donau zugeschrieben, von der heute allerdings nur noch der Berg-

Rechtenstein von der Donaubrücke mit der Figur des Brückenheiligen Nepomuk aus gesehen.

fried, ein hoher viereckiger Turm, erhalten ist. Die Burg von Rechtenstein war vor allem im 17. Jahrhundert sehr umkämpft. Auch für die Errichtung der benachbarten barocken **Kirche Sankt Georg**, sollen spätere Generationen der von Stains verantwortlich sein.

Ab Mitte des 18. Jahrhunderts, als der letzte von Stain gestorben war, begannen das Anwesen der Familie und die Burg zu verfallen, bis die Burg Anfang es 19. Jahrhunderts bis auf den Turm abgerissen werden musste.

Und wer sich für die Erkundung von urigen Höhlen begeistert und gut zu Fuß ist, kann im Sommer rechts der Straßenbrücke hinauf zur **Geisterhöhle Rechtenstein** steigen. Das mächtige Portal der Höhle ist stattliche sechs Meter hoch. Sehr hilfreich bei der Höhlenbesichtigung ist eine Taschen- oder eine Stirnlampe, denn die Reste von Tropfsteinen sind in der unbeleuchteten Höhle leicht zu übersehen. Zum Schutz der Fledermauspopulation ist die Geisterhöhle im Winter nicht zugänglich.

In Rechtenstein kann man **Parkmöglichkeiten [N48° 14′ 22.89″ E9° 32′ 45.67″]** an der Straße am Nordufer der Donau, links der Brücke und vor dem Kraftwerk finden. Von der Straßenbrücke über die Donau hat man einen schönen Blick zum Bergfried der Burg Rechtenstein und zur St. Georgskirche.

Zu einer weiteren Sehenswürdigkeit unweit westlich von Rechtenstein werden die Gestade der **Braunsel** gezählt, einem kaum einen Kilometer langen Gewässer, das kurz vor Rechtenstein schon wieder in die Donau mündet.

Touristische Informationen erhält man im **Rathaus Rechtenstein**, Braunselweg 2, 89611 Rechtenstein, Telefon 07375 - 244. *Geöffnet Mo, Mi + Fr 8 - 11 Uhr, Do 17 - 19 Uhr; http://rechtenstein.de./*

Abstecher nach Zwiefalten

*ROUTE: Rechtenstein verlassen wir in nordwestlicher Richtung (Richtung Hayingen), zweigen aber schon wenig später südwärts nach **Emeringen** ab. Wir durchqueren das Dorf Emeringen südwärts und folgen der Straße entlang der Zwiefalter Ach bis nach **Zwiefalten**.*

Zwiefalten mit etwas mehr als 2.000 Einwohnern gehört zum Landkreis Reutlingen. Das Städtchen, das schon vor mehr als 1.000 Jahren erstmals urkundlich erwähnt worden sein soll, liegt am klaren Flüsschen Zwiefalter Ach und an der Oberschwäbischen Barockstraße.

Mitten im Ort fallen die Zwillingstürme des **Zwiefalter Münsters „Unserer lieben Frau" [N48° 13' 56.33" E9° 27' 38.70"]** ins Auge. Sehr sehenswert ist das üppig im Barockstil dekorierte Innere der Kirche. Die Kirche gehörte einstmals zu einem Benediktinerkloster, das bis in die Anfänge des 19. Jahrhunderts bestand und danach aufgegeben wurde. Heute ist in den ausladenden Klostergebäuden an der Zwiefalter Ach ein Krankenhaus eingerichtet.

Man betritt die Klosteranlage mit dem sehenswerten Barockmünster von der Hauptstraße aus durch das mächtige **Peterstor** und geht über eine Brücke über die Zwiefalter Ach die wenigen Schritte bis zum Münster.

Nicht weit vom Münster und von der Klosteranlage entfernt findet man die einladende **Brauereigaststätte [N48° 13' 52.34" E9° 27' 39.55"]** der Zwiefalter Klosterbrauerei. Vor der Brauerei liegen einige Pkw-Parkplätze an der Hauptstraße.

Weitere Parkmöglichkeiten findet man in Zwiefalten auf dem **Parkplatz Dobeltal [N48° 13' 50.94" E9° 27' 31.27"]** mit einer Albwerk-Ladestation für zwei Elektroautos. Vom Parkplatz sind das Barockmünster und die Brauereigaststätte zu Fuß gut zu erreichen.

PRAKTISCHE HINWEISE – ZWIEFALTEN

Touristinformation im Rathaus Zwiefalten [N48° 14' 0.68" E9° 27' 39.80"], Marktplatz 3, 88529 Zwiefalten, Tel. 07373 205-20; https://www.zwiefalten.de/Startseite/Freizeit+_+Gaeste.html.

WOHNMOBIL-STELLPLATZ – ZWIEFALTEN

Wohnmobil-Stellplatz Am Höhenfreibad Zwiefalten [N48 14' 1.25" E9° 28' 24.13"], Brunnensteige. **Zufahrt/ Lage:** In Zwiefalten auf der Durchgangsstraße B312 (Kleinengstingen – Riedlingen) Richtung Riedlingen und noch im Ortsgebiet von Zwiefalten nordwärts in die Brunnensteige abzweigen und noch 1 km zum Platz am östlichen Ortsrand. **Gebühr:** Pauschale inkl. Strom, V & E-Einrichtung, WC, Dusche. **Geöffnet:** Mitte Mai – Mitte September. **Ausstattung:** Teil des Freibadparkplatzes, geschottertes Wiesengelände für ca. 5 Wohnmobile neben dem Freibad und einem Jugendzeltplatz. Frischwasser, Grauwasser und Chemikaltoilettenausguss, Strom, WC, Dusche. Zum Ortszentrum mit Geschäften und Restaurants, sowie zum Zwiefalter Münster ca. 10 Min. Fußweg.

Kloster und Barockmünster in Zwiefalten

TOUR 4: DAS LONETAL

Länge der Tour: Rund 25 km, ohne Abstecher.

Route: Von Blaubeuren über die B28 nach **Blaustein** (Abstecher ins Tal der Kleinen Lauter) - K9912 über **Lehr** zur Straße 10 und zur Autobahnan schlußstelle Ulm-Ost (Raststätte und Autohof) – über die Autobahn hinweg und wei ter auf der L1079 über **Albeck** nach **Langen au** – L1170 über **Rammingen** und **Asselfingen** nach **Niederstzingen** - L1168 zum Archäopark **Vogel herd** bei **Stetten ob Lonetal**.

Alternative: **Ab Ulm-Ost** (Raststätte und Autohof) auf der A8 bis zur Anschlußstelle **Ulm/Elchingen** und auf der A7 nordwärts (Richtung Würzburg) bis zur **Ausfahrt 118** (Niederstotzigen) und weiter zur **Vogelherdhöhle.**

Abstecher: Von Blaustein durchs **Tal zum Quelltopf der Kleinen Lauter.** Nach **Berghülen-Bühlenhausen** zum Wagenmuseum.

Reisedauer: Mindestens ein Tag, ohne Abstecher.

Höhepunkte: Das **Tal der Kleinen Lauter** und **ihr Quelltopf** *** – das **Wagenmuseum** ** in Berghülen-Bühlenhausen - der **Erwin-Rommel-Gedenkstein** ** bei Blaustein-Herrlingen – **Schloss und Museum** ** in Bernstadt – **Archäopark Vogelherd** ***

Routenkarte siehe nächste Seite

Diese Tour führt von Blaubeuren nach Nordosten ins Lonetal, einer Gegend, in der von Archäologen uralte Kunstgegenstände, wie der **„Löwenmensch“**, gefunden wurden. Heute ist der „Löwenmensch“ im **Museum Ulm [N48° 23‘ 49.21“ E9° 59‘ 40.15“]** in 89073 Ulm, Marktplatz 9 ausgestellt *(geöffnet Di - Fr 11 - 17*

TOURIST INFORMATION – ULM

Tourist-Information Ulm/Neu-Ulm, im Stadthaus, 89073 Ulm, Tel. +49 (0)731 161 2830; info@tourismus.ulm.de; https://www.ulm.de/tourismus.

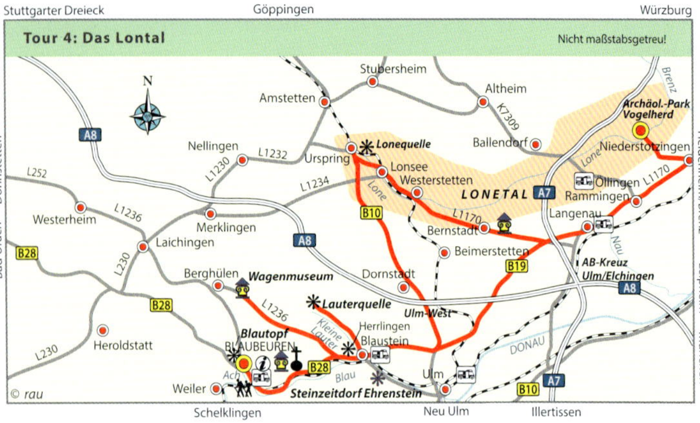

Uhr, Sa + So 11 - 18 Uhr, Tel. +49 (0)731 161-4330; https://museum-ulm.de/sammlungen/).

Schon seit Jahren ist das Lonetal, zusammen mit den Höhlenfundstätten im Achtal bei Schelklingen, unter der Rubrik „Höhlen und Eiszeitkunst der Schwäbischen Alb“ bei der UNESCO als Welterbe gelistet. Wie man in Broschüren und touristischen Faltblättern lesen kann, haben hier schon Neandertaler und nach ihnen der Homo sapiens oder auch Homo erectus, also der „moderne“ Mensch, gehaust.

Ziel dieser Tour ist der **Archäopark Vogelherd** bei **Stetten ob Lonetal.** Der Ort liegt unweit östlich der Autobahn A7 (Ulm – Würzburg), Ausfahrt 118, Niederstotzingen.

Abstecher nach Herrlingen, nach Lautern und zum Quelltopf der Kleinen Lauter

*ROUTE: Bevor man den Weg nach Urspring zur Lonequelle antritt, lohnt ein Abstecher nach **Blaustein, Herrlingen** und nach **Lautern** zum **Quelltopf der Kleinen Lauter.***

Dazu fährt man von Blaubeuren auf der B28 ostwärts bis Blaustein-Herrlingen. Von Blaustein-Herrlingen auf der Lauterstraße nordwestwärts bis Lautern und zum Quelltopf der Kleinen Lauter.

Im Weiler **Lautern** lohnt die markante **Kirche** (sehenswerter gotischer Flügelaltar) **[kleiner Parkplatz, N48° 26′ 48.17“ E9° 51′ 43.54“]** einen Besuch.

Wenig weiter liegt bei der Umspannstation, die ehemals als Pumpstation der Albwasserversorgung diente, das gemütliche **Gasthaus zum Lamm** (an Sommerwochenenden Biergarten) [N48° 26′ 54.51″ E9° 51′ 37.75″]. Und gleich hinter dem Gasthof findet man den romantischen, an einer Steite von Felsen umrahmte **Quelltopf der Kleinen Lauter [N48° 26′ 55.67″ E9° 51′ 38.90″]**. Das Flüsschen mündet nach einem kurzen Lauf bei Blaustein in die Blau.

Für das kurze Wegstück entlang der Kleinen Lauter von der Kirche bis zum Gasthof (wenig Parkmöglichkeiten) gilt an bestimmten Tagen ein Fahrverbot für Kraftfahrzeuge.

Abstecher nach Berghülen-Bühlenhausen

Als „Hülen" wurden auf der wasserarmen Schwäbischen Alb Trichter oder Gruben bezeichnet, in denen Regenwasser zur Versorgung von Mensch und Tier mit Trinkwasser bezeichnet. Einstmals soll es auf der Alb über Hundert solcher Hülen gegeben haben.

In Berghülen startet ein rund 7 km langer und mit ein grünen Frosch markierter Rundwanderweg (ein wesentlich längerer Radwanderweg ist mit einem roten Frosch markiert), der an diversen „Hülen" vorbeiführt. Infos über den „Hülenpfad" findet

Sehenswert, aber etwas abgelegen, die Kirche „Unsere liebe Frau" in Lautern

Gasthaus Lamm mit Biergarten (im Sommer) an der Quelle der Kleinen Lauter

man unter: https://www.berghuelen.de/freizeit-wohlfuehlen/sehenswuerdigkeiten/huelenpfad.

Wer sich für alte Kutschen interessiert, kann bei Herrlingen westwärts auf die L1236 und auf der Landstraße weiter über Asch in den Ort **Berghülen-Bühlenhausen** fahren. Dort kann man in der Ulmer Straße 36 das **Kutschen-Wagen-Museum [Parkmöglichkeit, N48° 27' 25.16" E9° 46' 49.60"]** mit seinen historischen Pferdewagen besichtigen *(geöffnet Apr. - Okt. Sa, So + feiertags 10 - 18 Uhr; Nov. - Ende Dez. + Anf. Jan. - März So 13 - 18 Uhr; https://kutschen-wagen.de/)*. Eine größere Abteilung des Museums befasst sich auch mit Schlitten oder mit Kinder- und Puppenwagen. Zudem ist eine größere Sammlung von Zaumzeug zu sehen.

Das Museum, das auch über ein Restaurant verfügt, bietet Ausfahrten mit Pferdewagen und in schneereichen Wintern Schlittenfahrten an.

Auf dem Rückweg von Lautern bzw. von der kleinen Lauterquelle nach **Blaustein-Herrlingen** ist ein Abstecher zum Gehöft am ehemaligen Schlösschen Oberherrlingen (nicht zu besichtigen!) [N48° 25' 48.22" E9° 53' 13.01"] über die Oberherrlinger

Straße möglich. Das Schlösschen stammt aus dem 16. Jahrhundert und war einst der Sitz derer von Bernhausen. Heute ist das Anwesen in Privatbesitz.

In der Nähe des ehemaligen Schlösschens liegen ein Kalvarienberg (Kreuzweg) und auf einer Anhöhe die Maria-Hilf-Kapelle.

Später, schon in Herrlingen, kann man zur **Grabstätte von Erwin Rommel** (1891 - 1944) **[Parkplatz, N48° 25' 15.73" E9° 53' 49.71"]** an der Südseite des Herrlinger Friedhofs an der St. Andreas Kirche, Oberherrlinger Straße, oder zum **Erwin-Rommel-Gedenkstein [Parkmöglichkeit, N48° 25' 23.68" E9° 52' 46.62"],** westlich des Orts, abzweigen. Von der Parkmöglichkeit am Ende der Erwin-Rommel-Steige ist noch ein kurzer Fußweg zum Gedenkstein zurückzulegen.

Erwin Rommel war Generalfeldmarschall der Wehrmacht und zwischen 1941 und 1943 und Leiter des Afrikakorps. Erfolgreiche Operationen in Nordafrika brachten Rommel den Beinamen „Wüstenfuchs" ein. Nach dem Attentat auf Hitler am 20. Juli 1944 wurden Erwin Rommel Verbindungen zu den Verschwörern des Attentats nachgesagt, was letztendlich dazu führte, dass Erwin Rommel vor die Wahl gestellt wurde, entweder vor den Volksgerichtshof zu treten oder Selbstmord zu begehen. Erwin Rommel entschied sich für letzteres.

Sein Sohn Manfred Rommel (1928 - 2013) war von 1974 bis 1996 Oberbürgermeister von Stuttgart. Viele Stuttgarter werden sich noch an die meist humorvollen Aussprüche von Manfred Rommel erinnern.

Auf dem Friedhof der St. Andreas Kirche in Herrlingen liegt Erwin Rommels Grabstätte

Villa Lindenhof, heute mit dem „Museum Lebenslinien", in Herrlingen

Wer sich für das Wirken von Erwin Rommel näher interessiert, sollte einen Besuch der **Villa Lindenhof [N48° 25' 8.60" E9° 53' 44.83"]** in Herrlingen in Betracht ziehen. In der Villa aus dem 20. Jh., einst Residenz des Industriellen M. Wieland (1867 - 1935), ist heute das interessante „Museum Lebenslininien" eingerichtet, das auch über Erwin Rommel berichtet *(geöffnet jeden 1. + 3. So im Monat 14 - 17 Uhr; https://villa-lindenhof-blaustein.de/das-museum/).*

Weiter östlich von Blaustein liegt bei einem Einkaufszentrum im Ortsteil Ehrenstein an der Blaubeurer Straß, Ecke Kurt-Mühlen-Straße 4, neben einem Aldimarkt und einer Tankstelle das sog. **Steinzeitdorf Ehrenstein [N48° 24' 42.31" E9° 55' 20.54"].** Das Dorf soll vor ca. 6.000 Jahren existiert haben. Heute ist das Areal des Dorfes in den Kreis „Prähistorischer Pfahlbauten um die Alpen", einer Einrichtung des UNESCO Welterbes, aufgenommen. Reste von Wohnstätten sind im Untergrund der ehemaligen Siedlung in einer längst nicht mehr existierenden Flusslandschaft erhalten geblieben bzw. sind von Mitgliedern eines Förderkreises rekonstruiert worden; https://www.steinzeitdorf-ehrenstein.de/.

PRAKTISCHE HINWEISE – BLAUSTEIN

Tourist-Information im Bad Blau, im Freizeit- und Hallenbad, Boschstraße 12, 89134 Blaustein, Tel. 07304-80 21 62, Tel. 07304-80 22 25.

Stadtverwaltung Blaustein, Marktplatz 2, 89134 Blaustein, Tel. 07304-802-0.

WOHNMOBIL-STELLPLATZ

Wohnmobil-Stellplatz Blaustein [N48° 25′ 1.84″ E9° 54′ 57.81″], Boschstraße 12, Bad Blau, Tel. 07304-802-1202. **Lage/Zufahrt:** Östlich von Blaustein beim Freizeit- und Hallenbad Bad Blau. **Geöffnet:** Ganzjährig. **Gebühr:** Stellplatz kostenlos. **Ausstattung:** Allgemeiner Parkplatz beim Freizeitbad, ca. 10 Wohnmobile, WLAN am Bad, WC im Bad, Duschen gegen Gebühr im Bad.

Rekonstruiertes Haus im Steinzeitdorf Ehrenstein bei Blaustein. Foto: Gemeinde Blaustein

Rekonstruierter Ofen im Steinzeitdorf Ehrenstein bei Blaustein. Foto: Gemeinde Blaustein

Bei archäologischen Ausgraben kamen Reste der jungsteinzeitlichen Siedlung, die wiederholt abbrannte, Hausreste, Herdstellen und Keramikgegenstände zu Tage. Wissenschaftlern geben vor allem knopfähnliche Kalksteinscheibchen Rätsel auf, die hier in großer Zahl gefunden wurden. In einem neuzeitlichen, Holzgebäude, dem sog. „Aktionshaus" werden von Mitgliedern des Förderkreises Mitmachaktionen für Große und Klein angeboten. Diese Aktionen vermitteln u. a. Einblick in das Leben und in Techniken der damaligen Zeit. Sonntags wird z. B. aus handgemalenem Mehl in rekonstruierten Lehmöfen Brot gebacken.

DAS LONETAL

Umweg über Dornstadt und Lonsee zur Lonequelle in Urspring

ROUTE: Am einfachsten verlässt man Blaustein auf der Kreisstraße K9912 in nordöstlicher Richtung bis zur Schnellstraße B10, südlich von ***Lehr,*** *und folgt der B10 nordwestwärts nach* ***Dornstadt.*** *Dornstadt liegt unweit nördlich der A8 und der Autobahnanschlussstelle und Raststätte Ulm-West. Ab Dornstadt folgt man weiter der B10 bis nach* ***Urspring*** *und zur* ***Lonequelle****.*

In **Urspring** entspringt in einem lauschigen Quelltopf das rund 40 km lange **Flüsschen Lone [N48° 32′ 54.2″ E9° 53′**

34.0"], das bei Hürben und über das Flüsschen Hürbe in die Brenz mündet.

Unterwegs bildet die Lone südlich von **Lonsee** einen kleinen See, der heute als Freizeitbereich genutzt wird.

Wanderer können die Gelegenheit nutzen und dem rund 6 km langen, markierten Wanderweg **„Lonetopfweg"** von Urspring ostwärts vorbei an den Resten des Römerkastells „Ad Lunam" und entlang der Lone, nach Lonsee spazieren. Weitere Infos über den Lonetopfweg erfährt man unter: https://www.lonsee.de/de/freizeit-und-tourismus/wander-radfahren/lonetopfweg-familienrundweg/.

Wer sich für alte Eisenbahnen interessiert fährt von Urspring auf der B10 weiter nach Nordwesten bis **Amstetten**. Von hier verkehrt die von den Ulmer Eisenbahnfreunden betriebene **Lokalbahn** (zeitweisen mit Dampfloks) von Amstetten nach Gerstetten (www.uef-lokalbahn.de), sowie das **Albbähnle** von Amstetten nach Oppingen (www.albbaehnle.de).

*ROUTE: Von Urspring südostwärts über **Lonsee** und **Halzhausen** zunächst bis **Westerstetten** (ineressanter Bahnmof). Die Landstraße führt bis Westerstetten in der Nähe der noch schmalen Lone entlang.*

*Ab Westerstette folgt man der L1170 über **Bernstadt** und unter Autobahn A7 hindurch nach **Lagenau**.*

In **Bernstadt** lohnt in der Schmiedgasse 5 das barocke **Schloss [N48° 30' 2.05" E10° 1' 17.30"]** aus dem 16. Jh. und dort der Festsaal einen Besuch. Das Gebäude fällt durch seine zahlreichen Fenster und durch die mit Zwiebeltürmchen abgeschlossenen Halbtürme an den Ecken auf. Das Schlösschen, das heute als Veranstaltungsort, als Museum und als Sitz der Stadtverwaltung genutzt wird, war einst die Residenz der wohlhabenden Patrizierfamilie Besserer; https://www.bernstadt-wuertt.de/gemeinde-bernstadt/ortsgeschichte/museum-im-schloss/.

Die historische Stadt **Langenau** liegt fast 10 km östlich von Bernstadt und unweit östlich der Autobahn (A7). Die Stadt gilt als eine der quellenreichsten Städte Deutschlands. Nicht umsonst wurde bei der Stadt schon zu Beginn des vergangenen Jahrhunderts eine Anlage zur Wasserversorgung des Landes errichtet.

Wer sich für das Thema näher interessiert, kann östlich der Stadt die **„Erlebniswelt Grundwasser" [N48° 30' 10.61" E10° 10' 13.21"]**, Am Spitzigen Berg 1, im Langenauer Ried (Donauried) besichtigen, *(Besuchsanmeldung erforderlich, Tel. 07345/9638-2125; https://www.lw-online.de/)*.

Die Lonequelle (Quelltopf) in Urspring

Langenau mit heute rund 15.000 Einwohnern gilt als eine der größten Städte der Region und lohnt einen Besuch.

Zu den wichtigsten Plätzen in der Stadt gilt der **Pfleghof [N48° 29‘ 47.10“ E10° 7‘ 15.02“].** Der ehemalige Innenhof einer Klosteranlage, wird heute für Veranstaltungen genutzt. In den umliegenden Gebäuden sind das Geschichts- und Archäologiemuseum *(geöffnet nur am 1. und 3. Sonntag im Monat, nachmittags)* gleich neben der Martinskirche (bemerkenswerter Barockaltar), weiter das in einem historischen Gerichtsgebäude eingerichtete Rathaus, die dem hl. Martin geweihte **Kirche [N48° 29‘ 48.06“ E10° 7‘ 9.86“]** an der Hindenburgstraße und die Museen der Stadt.

Zu einem der besuchenswerten Museen zählt das **Heimatmuseum Langenau [N48° 29‘ 49.33“ E10° 7‘ 15.82“],** Kirchgasse 4, nördlich vom Pfleghof. Das Heimat- und Stadtmuseum ist in einem Fachwerkgebäude eingerichtet, dem alten sog. „Obereb Helferhaus“, das lange die Wohnung des Pfarrhelfers beherbergte, bevor es Schulhaus und später Heimatmuseum wurde *(geöffnet 1. + 3. Sonntag im Monat 14 - 16 Uhr; www.langenau.de).*

*ROUTE: Von Langenau ostwärts über **Rammingen** nach **Asselfingen** (Feuerwehrhelm- und Trachtenmuseum im Obergeschoss des Schulhauses, Lindenstraße 4. Allerdings ist das*

PRAKTISCHE HINWEISE – LANGENAU

Touristeninformation Langenau Kulturamt [N48°29‘58.07“ E10°7‘15.93“], im Rathaus, Marktplatz 1, 89129 Langenau, Tel. 07345/9622144; www.langenau.de

WOHNMOBIL-STELLPLATZ

Wohnmobil-Stellplatz Langenau [N48° 30‘ 6.55“ E10° 7‘ 18.36“], Karlstraße 27; Stadt Langenau Tel. 07345-9622-144; www.langenau.de. **Zufahrt/Lage:** Ca. 4 km östlich der A7, Ausfahrt 119 (Lagenau). Im nördlichen Stadtbereich. **Geöffnet:** Ganzjährig. **Gebühr:** Übernachtung kostenlos. **Ausstattung:** Parkplatz vor der Stadthalle in Langenau mit ca. 5 Stellplätzen für Wohnmobile. Gebührenpflichtige V & E Säule „Holiday Cleany" (Stromanschluss, Frischwasser, Abwasser). In der Stadt Restaurants und Einkaufsmöglichkeiten.

Museum nur jeden 1. Sonntag im Monat zwischen 15 und 17 Uhr geöffnet, der Zugang zum Museum ist lt. Angaben des Museums nicht barrierefrei).

In Rammingen bietet sich Gelegenheit nordwärts in den nahen Weiler ***Lindenau*** *abzuzweigen.*

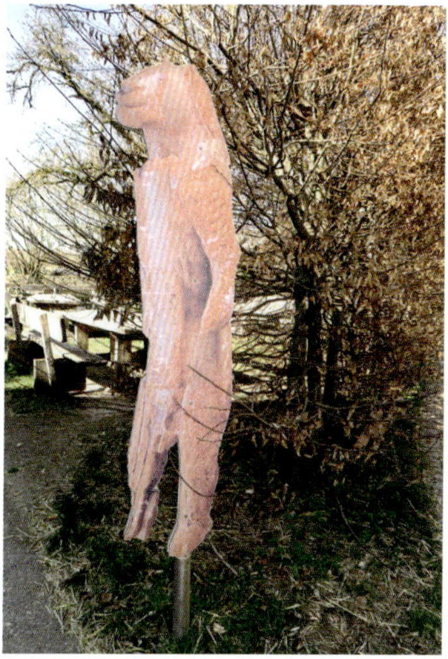

Nachbildung des sog. „Löwenmenschen" im Biergarten des Ausflugslokals „Zum Schlössle" Lindenau

In **Rammingen-Lindenau** beginnt am **Gasthof „Zum Schlössle"**, Tel. +49 (0)7345 5312; www.ausflug-lindenau.de, **[Parkmöglichkeit, N48° 32' 25.85" E10° 10' 13.60"]**, einem gemütlichen Ausflugslokal *(geöffnet Di - So ab 11 Uhr, Montag ist Ruhetag)* mit rustikaler regionaler Küche

Ausflugslokal „Zum Schlössle" in Rammingen-Lindenau

Im Lonetal bei Rammingen-Lindenau

und mit einladendem Biergarten (mit einer Nachbildung des sog. „Löwenmenschen") gegenüber, beginnt ein Spazierweg ins Lonetal und zur Höhle Hohlenstein, dem Fundort des „Löwenmenschen". Der ausgeschilderte Spazierweg mit Infotafeln führt später durchLaubwald hinab ins Lonetal. Ein weiterer und längerer, fast 13 km langer, Wanderweg – der **Neandertalerweg** oder auch **Eiszeitpfad** – führt vom Ausflugslokal zu den bedeutendsten Höhlen im Lonetal.

Leberblümchen (Hepatica nobilis) am Waldrand auf dem Weg zur Höhle Hohlenstein

Man geht davon aus, dass viele der Höhlen im Lontal von Neandertalern genutzt wurden. Neandertaler gelten als Vorläufer des homo sapiens, des „anatomisch modernen Menschen" also. Den Begriff *homo spapies (Mensch mit Verstand)* soll übrigens vom schwedischen Mediziner und Naturforscher Carl von Linné (1707 - 1778) stammen, der die Abstammung des Menschen mit der Spezies der Menschaffen in Zusammenhang brachte. Ob Neandertaler aber auch den berühmt gewordenen „Löwenmenschen" geschaffen haben ist nicht genau geklärt. Vom Autor Franz Krippner stammt die Ansicht: „Auch der Neandertaler verfügte über ein ausgeprätes Formgefühl, doch über künsterlische Intuitonen verfügte er aber noch nicht".

Im grünen **Tal der Lone** sind mehrere Höhlen zu finden, darunter die Bocksteinhöhle, die Doppelhöhle Hohlenstein, die Vogelherdhöhle beim Archäopark Vogelherd.

Die **Bocksteinhöhle** wurde schon Ende des 19. Jh. von einem Förster namens Ludwig Bürger erkundet.

In der über 50 Meter langen Doppelhöhle **Hohlenstein [N48° 32' 58.5" E10° 10' 24.1"]** (UNESCO-Welterbe; https://www.tourismus.alb-donau-kreis.de/de/unesco-welterbe-alb-donau/hoehlen-und-eiszeitkunst-unesco/) wurde bei Grabungen vor dem Zweiten Weltkrieg von Archäologen unter Leitung des Tübinger Professors Robert Wetzel in der Höhle, dem sog. „Stadel" (links neben der sog. „Bärenhöhle", in der Urzeit lebten hier Höhlenbären) der aus Mammutelfenbein geschnitzte **„Löwenmensch"** gefunden. Die Bruchstücke konnten bei einer erneuten Grabung nach dem Weltkrieg ergänzt werden. Das kleine, ca. 30 cm hohe Figürchen stellt eine aufrecht stehende Menschengestalt mit den Gesichtszügen eines Löwen/Höhlenlöwen dar. Heute zählt der rund 40.000 Jahre alte „Löwenmensch" zu den Glanzstücken im **Ulmer Museum** (Archäologie, Alte Kunst, Moderne) **[N48° 23' 49.25" E9° 59' 40.94"]**, Marktplatz 9, Tel. +49 (0)731 161-4330 *(geöffnet Di - Fr 11 - 17 Uhr, Sa + So 11 - 18 Uhr; www.museumulm.de)*.

Bereits 19. Jahrhundert machte sich ein Herr namens Oskar Fraas um die Erforschung der Höhlen im Lonetal verdient. Herr Fraas befasste sich damals allerdings mehr mit der „Bärenhöhle", die unmittelbar neben der Höhle „Stadel" liegt. Herr Fraas fand in der sog. „Bärenhöhle" zahlreiche Knochen und Schädel von Höhlenbären.

*ROUTE: Von Lindenau fährt man am besten die wenigen Kilometer zurück nach **Rammingen**. Von Rammingen ist ein Abstecher zum Wohnmobilstellplatz in **Öllingen** möglich. Oder man fährt von Rammingen weiter nach Osten, über **Asselfingen** nach **Stetten ob Lonetal** und zum **Archäopark Vogelherd**, an der Straße nach Bissingen ob Lontal.*

Hohlenstein
Eiszeitspur
Lonetal

Die Höhle Hohlenstein-Stadel, Fundstätte des sog. „Löwenmenschen"

WOHNMOBIL-STELLPLATZ

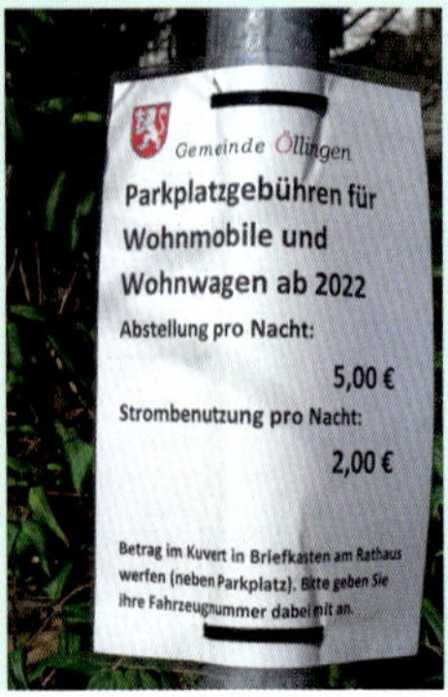

Wohnmobil-Stellplatz Öllingen [N48° 31′ 42.30″ E10° 8′ 52.94″], Hauptstraße. **Zufahrt/Lage:** Neben dem Rathaus, mitten im Ort. **Geöffnet:** Ganzjährig. **Gebühr:** Gebührenpflichtig. Gebühr im Kuvert mit Kennzeichenangaben in den Briefkasten im benachbarten Rathaus werfen. **Austattung:** Im hinteren Teil des befestigten Parkplatzes am Rathaus für ca. 5 Wohnmobile oder Caravans, für große Einheiten beengte Platzverhältnisse. Strom, Frischwasser.

Die Auffindung der Höhle Vogelfeld ist vor allem Gustav Riek zu verdanken, der die Höhle um 1931 entdeckte und ausgrub und dabei auf eine größere Anzahl von kleinen überauß kunstvoll gestalteten Tierfigürchen aus Mammutelfenbein stieß, darunter ein kleines Wildpferdchen und ein kleines Mammutfigürchen, die heutige Künstler wohl kaum eindrucksvoller schaffen könnten.

Eingang zum Archäopark Vogelherd

Hinweisschild auf den Archäopark Vogelherd

Heute ist um die Höhle Vogelherd, dort wo in der Urzeit wollige Mammuts und Steinzeitmenschen lebten, der **Archäopark Vogelherd [Parkmöglichkeit, N48° 33' 27.75" E10° 11' 49.88"]**, Am Vogelherd 1, Tel. +49 7325 952 8000, 89168 Niederstozingen-Stetten, ein ausgedehnter Erlebnispark entstanden, mit interessanten Ausstellungen zum Thema (Schatzkammer) und mit einem Parkcafé im Informationszentrum und mit dem sog. „Steinzeitgrill" auf dem Gelände. Außerdem findet man hier Kinderspielplätze und Ladestationen für E-bikes. Wichtiger Mittelpunkt des Archäoparks Vogelherd ist – neben der Höhle Vogelherd (UNESCO Welterbe) – ein modernes, halbrundes, bestens in die Landschaft eingepasstes Informationszentrum *(geöffnet 1. Apr. - Anf. Nov. tgl. a. Mo 10 - 18 Uhr; Anf. Nov. - 31. März (außer über den Jahreswechsel) nur So 12 - 17 Uhr oder für angemeldete Gruppenführungen, auch im Winterhalbjahr ist der Archäopark Vogelherd montags geschlossen; https://www.archaeopark-vogelherd.de/).*

Von diesem Informationszentrum führt ein Weg, vorbei an diversen Aktionsplätzen, zur eigentlich Höhle Vogelherd. Es besteht die Möglichkeit, sich im Informationszentrum zu sog. „Erlebnisführungen" anzumelden.

Warum Reiseführer aus dem Werner Rau Verlag?

Ein großes, nahezu unübersehbares Reiseführer-Angebot erwartet Sie inzwischen im Handel. Warum sollten also gerade Reiseführer aus dem Werner Rau Verlag die richtige Entscheidung für Sie sein? Eine gute Frage... Gerne gebe ich Ihnen darauf eine Antwort:

Schon seit den 70er-Jahren begeistere ich mich fürs Wohnmobil-Touring und verfasse seit Beginn der 80er-Jahre Reiseführer für alle, die Land und Leute gerne auf eigene Faust entdecken wollen. Die Jahrzehnte lange Reiseerfahrungen in fast allen europäischen und zahlreichen außereuropäischen Ländern, die auf den vielen Reisen gesammelt wurden, fließen nun als Ergebnis ins Konzept meiner Reiseführer ein.

Einfach einsteigen, losfahren und entspannt die Tour genießen! Das wäre doch ideal, war mein Gedanke. Und genau das möchte ich mit meinen „MOBIL REISEN" und „WEEK END"-Tourenbüchern Ihnen zur Verfügung stellen. Mein Ziel ist es, kompetente und informative Reiseführer anzubieten, deren erlebnisreiche Reisewege einfach nachzufahren sind.

Zusammen mit wichtigen Reisetipps bieten meine Reiseführer nicht nur viele Farbfotos und umfangreiche Infos zu den schönsten Reisezielen mit GPS-Koordinaten, sondern Raus Reiseführer sind zudem eine gelungene Mischung aus zeitgemäßer Informationsvielfalt, Kultur und aktuellen Tipps für täglich neue Reiseerlebnisse. Und natürlich gibt es Hinweisen zu Campings und zu Wohnmobil-Stellplätzen.

Einer der vielen Vorteile der Reiseführer-Reihe ist, dass Sie sich durch die in den Büchern vorgeschlagenen Ziele Ihre eigene, ganz individuelle Reise-Tour zusammenstellen können.

Rau's Reise- und Tourenbücher mit dem erfolgreichen Konzept ‚Mobile Touring Highlights' sind handliche, praktische Reiseführer, optimal geeignet für individuelles Wohnmobil-, Caravan- und VanCamper-Touring – mit Kompetenz aus erster Hand. Einfach einsteigen, losfahren und genießen!

Vergnügten Reisegenuss wünscht Ihnen

Ihr Werner Rau

Auf unserer Webseite **www.rau-verlag.de** können Sie alle Reiseführer aus dem Werner Rau Verlag ansehen und bestellen.

ZEICHENERKLÄRUNG

Hauptstadt	Campingplatz
Etappen-Start-/Endpunkt	Womo-Stellplatz
Orte	V & E Station
Sehenswürdigkeit	Kirche, Kathedrale
Touristeninformation	Burg, Kastell
Museum, Schloss	Wandermöglichkeit
Rathaus, öffentl. Gebäude	archäol. Stätte
Busbahnhof, Bahnhof	Berg, Gipfel
Parkplatz	Rast-, Picknickplatz
Tiefgarage	Grenzübergang
Flughafen, Flugplatz	Pass
Postamt	Strand, Badeküste
Restaurant	Höhle
Hotel	

V & E für Wohnmobile – Einrichtungen für Versorgung mit Trinkwasser sowie Entsorgung für Wohnmobilabwässer sind auf dem Platz vorhanden.

Haftungsausschluss

Alle in diesem Reiseführer gemachten Angaben, sowie Reise- und Sicherheitshinweise sind nach den aktuell erreichbaren und dem Verlag zugänglichen Informationen mit Sorgfalt und nach bestem Wissen zusammengestellt. Eine Gewähr für die Richtigkeit und die Vollständigkeit der Angaben sowie eine Haftung für eventuell eintretende oder daraus entstehende Schäden kann nicht übernommen werden. Gesetze und Vorschriften können sich jederzeit ändern, ohne dass der Verlag davon erfährt.

Die Entscheidung über die Durchführung einer Reise liegt in der Verantwortlichkeit des Lesers.

Verlag und Autor empfehlen, sich rechtzeitig vor Antritt der Reise nach den neuesten reiserelevanten Vorschriften zu erkundigen.

REGISTER

Personennamen in kursiver Schrift.

(CP) bzw. (ST) hinter dem Ortsnamen weist darauf hin, dass in oder ganz in der Nähe des Ortes ein im Reiseführer beschriebener Campingplatz und/oder ein Wohnmobilstellplatz zu finden ist.

A

Achtopf 125
Albbähnle 155
AlbCard 20
Alb-Leisa 109
Albtrauf 28
Alter Kreuzweg bei Weiler 86
Amstetten 155
Anhausen 96
Asselfingen 158

B

Baden-Württembergisches Haupt- und Landgestüt Marbach 60
Bauernhausmuseum Ödenwaldstetten 63
Berg 117
Berghülen 150
Bernstadt 155
„Besinnungsweg Ehinger Alb" 124
Bichishausen 79
Biermuseum 117
Biosphärengebiet 23
Biosphärengebiet Schwäbische Alb 42
Biosphärenzentrum Schwäbische Alb 34
Blankenstein, Ruine 63
Blaubeuren (ST) 127
Blaubeurer Felsenstieg 139
Blaustein-Herrlingen 150
Blautopf 22, 127
Braunsel 145
Brenz 155
Brillenhöhle 139
Bürger, Ludwig 161
Bürzel, Aussichtspunkt 79
Buttenhausen 69

C

Camping Hofgut Hopfenburg 41
Check rund ums Wohnmobil 10

D

Der Ikarus vom Lautertal. *Siehe* Mesmer, Gustav
Derneck, Burgruine und Wanderheim 84
Der schöne Fels 109
Dezimalkoordinaten 15
Donauradweg 55
Donauwasserkraftwerk Alfredstal 143

E

Eberhard im Bart 37
Eglingen (ST) 63
Ehingen-Berg 117
Ehingen/Donau (ST) 116
Ehinger Fasnet 122
Eiszeitpfad 139, 160. *Siehe* Blaubeurer Felsenstieg
Emerkingen 115
Erbstetten 100
Erinnerungsstätte an Matthias Erzberger 72
Erlebniswelt Grundwasser 155
Erzberger, Matthias 72

F

Falkensteiner Höhle 52
Fraas, Oskar 161
Frauenbergkirche, Aussichtspunkt und Wallfahrtskirche 113
Friedrichshöhle. *Siehe* Wimsener Höhle

G

Geisterhöhle Rechtenstein 144

Geopark Schwäbische Alb 23
Gestütshof Offenhausen 34
Gestütsradweg 62
Glastal 92
Gomadingen 54
GPS-Daten 15
Grafeneck, Schloss und Gedenkstätte 59
Großes Lautertal 54
Gruorn 48
Gundelfingen (ST) 79
Günzelburg 139

H

Hasenmayer, Jochen, Höhlentaucher 131
Hayingen 87
Hayinger Brücke, Park- und Pickenickplatz 92
Heidengraben 23
Herrlingen 150
Hohengundelfingen, Burgruine 83
Hohenhundersingen, Burgruine 78
Hohenstein, Burgruine 68
Hohenzollern, Kaisergeschlecht 28
Hoher Gießel 100
Hohle Fels 125
Hohlenstein 161
„Höhlenstollen" 93
Hundersingen 78

I

Indelhausen 87
Informationen zu GPS-Navigationskoordinaten 15

J

Jüdischer Friedhof Buttenhausen 72

K

Kalkofenmuseum 141
Kleinen Lauter 149
Klima 29
„Klötzle Blei" 131

L

Langenau (ST) 155
Lauterach 109
Lauterach Infozentrum 104
Lauter, Große 55
Lauter, Kleine 55
Lautermündung 139
Lautern 148
Lautertal Radweg 33, 55
Lemberg 28
Lichtenstein. *Siehe auch* Lichtenstein. Schloss
Lichtenstein Schloss 28
Lindenau 159
Linné, Carl von 160
Lokalbahn 155
Lonetal 154
Lonetopfweg 155
Lonsee 155
Löwenmensch 23
Löwenmensch, Urweltfund 161

M

Marbach 60
Marbach Classics 61
Marbacher Gestütsradweg 33
Marbacher Hengstparaden 62
Märzenbecherblüte 104
„Maschinen unterm Münster - MuM-Industriedenkmal". *Siehe* Donauwasserkraftwerk Alfredstal
Mesmer, Gustav 73
Mobilitätszentrum, Münsingen 32
Mochental, Schloss 109
Mörike, Eduard 23, 130
Muckenspritzer 118
Munderkingen 113
Münsingen (CP, ST) 34
Münsinger Vertrag 37

N

Neandertalerweg 160
Neuburg/Gemeinde Lauterach 139
Niedergundelfingen, Burgruine 83

O

Obermarchtal, Klosteranlage 142
Oberstadion 115
Oberstetten 68
Offenhausen, Gestütshof 55
Öllingen (ST) 164

Q

Quelltopf des Flüsschens Große Lauter 55

R

Rad-Wander-Busse 31
Rammingen-Lindenau 159
Rechtenstein 143
Reisezeit, beste 29
Rommel, Erwin 151
Rommel, Manfred 151
Roßbachquelle 74
Rothschild, Theodor 74
Rusenschloss 138

S

Schäferei 52
Schafwäschedenkmal 62
Schelklingen 124
Schiller, Friedrich 139
Schillerstein 139
Schloss Bernstadt 155
Schlossherrenrunde, Wanderweg 113
Schmiechen 127
Schmiechener See 127
Schneckengarten bei Weiler 86
Schneckenhändler 85
Schöne Lau, Nixe 130
Schülzburg, Burgruine 96
Schwäbische Alb 21
Sicher unterwegs 11
Spaziergang durchs Lautertal 96
Stain, Herren von 143
Staufer, Kaisergeschlecht 28
Steighof, Wanderparkplatz 79
Steingebronn 58
Steinige Brunnen 58
Stellplätze f. Wohnmobile
Stellplatz Am Bauernhaus-museum Ödenwaldstetten 66
Stellplatz Am Höhenfreibad Zwiefalten 146
Stellplatz Blaubeuren 137
Stellplatz Eglingen „Rudis Hühnerhof“ 63
Stellplatz Ehingen/Donau 123
Stellplatz Heiligental 83
Stellplatz im Wiesental Münsingen 41
Stellplatz Öllingen 164
Stellplatz Rietenlau, Hülben 54
Stellplatz Trailfingen/Gruorn 41
Sternberg, Aussichtsturm 58

T

Tal der Lone 161
Teuringshofen 127
Thema Wohnmobilstellplatz 12
Tuffsteinsäge 100

U

Uhland, Ludwig 21
Ulrichsfest 117
Untermarchtal 140
Unterwegs mit einem Mietmobil 13
Unterwilzingen 100
Ur-Donau 140
Urspring 154
Urweltmuseum Hauff 23

V

„Venus vom Hohle Fels“ 23, 125, 135

W

Wanderwege 28
Wartstein, Burgruine 100
Wasserstetten 62

Weidenbach'sches Schloss 74
Weiler 85
Wetzel, Robert 161
Wimsener Höhle 93
Wittsteig 84
Wolfstal 104

Z

Zwiefalten (ST) 145

MOBIL REISEN

NIX WIE RAUS!

Raus Reiseführer – die gelungene Mischung aus kompetentem Reiseführer, Tourenbuch, Camping- und Stellplatzführer.

Erlebnisreiche Touren zum Nachreisen mit Wohnmobil, Caravan oder Van-Camper.

REISEFÜHRER WEEKEND/REGIONAL TOURS - DEUTSCHE ZIELE

Weekend/Regional Tours: SCHWÄB. ALB - LAUTER-/LONETAL
Die Schwäbische Alb mit dem Wohnmobil auf einer Wochenend- oder Mehrtages-Urlaubs-Tour erleben. Durchs Lautertal auf einem der schönsten Abschnitte wandern oder radeln. In Blaubeuren den Blautopf und die „Venus vom Hohlefels“ bewundern.
Einen Abstecher ins Lonetal zum Archäopark Vogelherd unternehmen. Dort in der Nähe wurde der aus Mammutelfenbein gefertigte rund 40.000 Jahre alte sog. „Löwenmensch“ gefunden.
Reiseführer mit vor Ort erfassten GPS-Koordinaten. Mit Wohnmobil-Stellplätzen und den schönsten Campingplätzen.
180 S., zahlr. Farbfotos, Karten und Pläne.
ISBN 978-3-926145-97-0. € 18,90.

Weekend/Regional Tours: SCHWÄBISCHE ALB - BAD URACH
Die Schwäbische Alb auf einer Wohnmobiltour erleben. Oder rund um Bad Urach, der alten Residenzstadt der Grafen von Württemberg-Urach, wandern, radeln oder shoppen in einer der größte Outletcities in Deutschland bzw. Burgen und bezaubernde Fachwerkstädte besichtigen.
Das Biosphärengebiet Schwäbische Alb als Wochenend- oder Mehrtages-Urlaubs-Tour erleben.
Mit vor Ort erfassten GPS-Koordinaten. Mit Wohnmobil-Stellplätzen und den schönsten Campingplätzen.
180 S., zahlr. Farbfotos, Karten und Pläne.
ISBN 978-3-926145-95-6. € 18,90.

RAUS REISEFÜHRER „MOBIL REISEN" UND „REGIONAL TOURS"

Weekend/Regional Tours: DEM GRÜNEN BAND ENTLANG

Das Grüne Band Deutschland - beeindruckende Tour-Ziele entlang der ehemaligen innerdeutschen Zonengrenze. Natur, Kultur und Geschichte von Norddeutschland bis ins sächsisch-bayrische Vogtland mit dem Wohnmobil gezielt erleben.

Erlebnis Deutschland - als Wochenend-, Mehrtages- oder größere Urlaubs-Tour nach Wahl.

Mit Wohnmobil-Stellplätzen und den schönsten Campingplätzen.

Wolfgang Spreng, 168 S., zahlr. Farbfotos, Karten und Pläne.

ISBN 978-3-926145-92-5. € 18,90.

REISEFÜHRER MOBIL REISEN - EUROPÄISCHE ZIELE

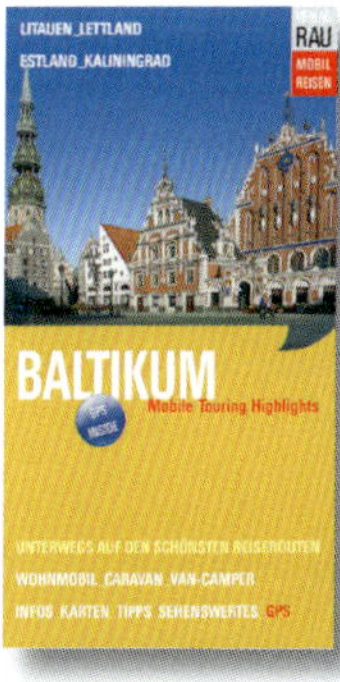

Mobil Reisen: BALTIKUM

Die schönsten Reiserouten, kombiniert zu einer erlebnisreichen Tour durch alle drei baltischen Länder - Litauen, Lettland und Estland. Mit einem Abstecher nach Kaliningrad. Reisetipps in Fülle. Plus Vorschläge zu sechs Radtouren.

Mit Wohnmobil-Stellplätzen und den schönsten Campingplätzen.

336 S., 128 Farbfotos, 31 Karten und Stadtpläne.

ISBN 978-3-926145-89-5. € 19,90.

Mobil Reisen: BRETAGNE

Ein individueller Reiseführer mit Routenvorschlägen, ausgesuchten Touren für eine Reise von Nantes bis ans „Ende der Welt", der Finistère an die bretonische Atlantikküste. Historisches, Amüsantes, Kulinarisches und natürlich viele praktische Reisetipps. Jetzt mit noch mehr Wohnmobil-Stellplätzen.

Mit vor Ort erfassten GPS-Koordinaten.

336 S., zahlr. Farbfotos, Karten, Stadtpläne, Hotels, Campingplätze sowie viele Infos und Reisetipps.

ISBN 978-3-926145-78-9. € 19,90.

GPS-Roadbook-CD mit Navigationskoordinaten verfügbar!

RAUS REISEFÜHRER „MOBIL REISEN“ UND „REGIONAL TOURS“

Mobil Reisen: DÄNEMARK – Mit Insel Bornholm
Handlich und praktisch für erlebnisreiches Van-Camper-, Caravan- oder Wohnmobil-Touring. Auf den 15 attraktivsten Urlaubsrouten zu den schönsten Städten und Küsten in Jütland, Fünen, Seeland und Bornholm. Ausführlicher Teil über "wonderful, wonderful Copenhagen".
Mit vor Ort erfassten GPS-Koordinaten.
312 S., zahlr. Farbfotos, Karten, Stadtpläne, sowie viele Infos, die schönsten Camping- u. Stellplätze.
ISBN 978-3-926145-87-1. € 19,90.

Mobil Reisen: ENGLAND SÜD
Von den weißen Felsen von Dover über lebhafte Seebäder bis hinaus an die abgeschiedene, wilde Küste von Cornwall. Wandern auf den herrlichen Küstenwegen und Klippenpfaden, den Schauplätzen aus Pilcher-Filmen nachspüren, in prächtigen Gärten schwelgen oder lieber gemütlich in einem uralten Pub verweilen, in dem sich schon die Schmuggler früherer Tage die Klinke in die Hand gaben? Dieser Reiseführer sagt Ihnen, wo's lang geht. Mit vor Ort erfassten GPS-Koordinaten.
348 S., zahlr. Farb-Abb., Karten, Stadtpläne, Pubs, sowie viele Infos und die schönsten Campingplätze.
ISBN 978-3-926145-86-4. € 22,90.
GPS-Roadbook-CD mit Navigationskoordinaten verfügbar!

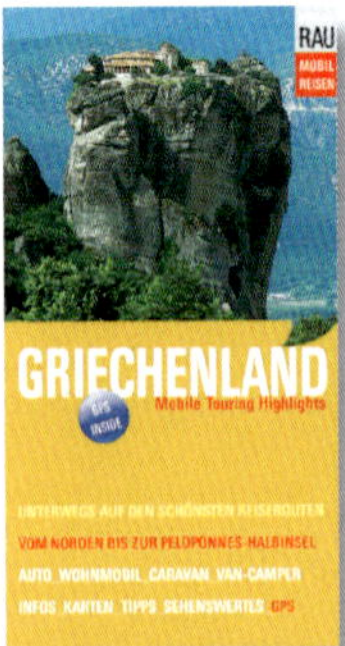

Mobil Reisen: GRIECHENLAND
Aus der Reisepraxis für die Reisepraxis geschrieben. Ein Reisehandbuch mit Routen, Touren und Reisetipps fürs Reisemobil-Touring.
Eine Fülle von Routenvorschlägen führt Sie durch alle Regionen Festlandgriechenlands, von den Badestränden der Chalkidiki-Halbinsel bis in den Süden der Peloponnes-Halbinsel und natürlich zu allen archäologischen Stätten.
Mit vor Ort erfassten GPS-Navigationskoordinaten!
312 S., zahlr. Farbfotos; Karten, Stadt- u. Lagepläne, Stadtspaziergänge, Hotels und die schönsten Campingplätze.
ISBN 978-3-926145-80-2. € 19,90.
GPS-Roadbook-CD mit Navigationskoordinaten verfügbar!

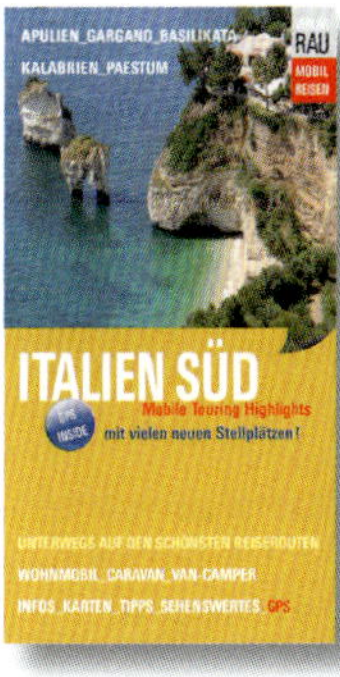

Mobil Reisen: ITALIEN SÜD

Italiens Süden hat viel mehr zu bieten als Sonne, Strand und Meer. Erleben Sie auf den schönsten Reisewegen die süditalienische Region Apulien mit dem hübschen Zentrum der Trullibehausungen und dem imposanten Stauferschloss Castel del Monte, die prächtige Küste der Halbinsel Gargano, sowie die einladendsten Plätze in Kalabrien. Und lernen Sie die Touring Highlights der Basilikata kennen. Natürlich fehlt auch ein Abstecher nach Paestum nicht. Neben jeder Menge an Reisetipps und Sehenswürdigkeiten finden Sie in diesem Tourenbuch eine Vielzahl von Camping- und Wohnmobilstellplätzen sowie vor Ort erfasste GPS-Koordinaten.
240 Seiten. Zahlr. Farbotos, Karten u. Pläne sowie eine Fülle an Tipps.
ISBN 978-3-926145-83-3. € 22,90.
GPS-Roadbook-CD mit Navigationskoordinaten verfügbar!

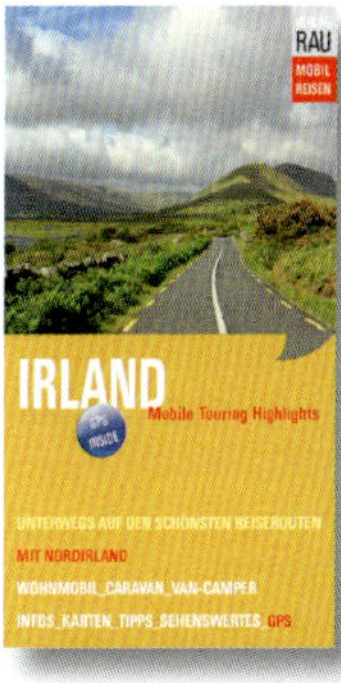

Mobil Reisen: IRLAND – Mit Nordirland

Der ideale Urlaubsführer für alle, die den Charme der "Grünen Insel" auf eigene Faust entdecken wollen. Ausgesuchte Routenvorschläge fürs Wohnmobil-Touring von den südlichen Counties über die imposante Westküste bis hinauf ins abgeschiedene Donegal und durch Nordirland. Ausführlicher Dublin- und Belfast-Teil mit detaillierten Rundgängen. Kultur, Folklore, Tipps zu Pubs, Wandermöglichkeiten. Mit vor Ort erfassten GPS-Navigationskoordinaten!
408 S., zahlr. Farbfotos, Karten, Stadtpläne, Hotels, viele Infos und die schönsten Campingplätze.
ISBN 978-3-926145-84-0. € 22,90.
GPS-Roadbook-CD mit Navigationskoordinaten verfügbar!

Mobil Reisen: KORSIKA

Korsika, „Ile de Beauté“, die „Insel der Schönheit“ besticht durch ihre wunderbare Berglandschaft und ihre herrliche, oft atemberaubende Küstenszenerie. Eine Herausforderung für alle unternehmungslustigen Wohnmobilisten und Caravaner und ein Eldorado für anspruchsvolle Wandertouren.
Hotels, Restaurants, Campingplätze und jede Menge Tipps und Infos.
Mit vor Ort erfassten GPS-Koordinaten.
228 S., zahlreiche Farbfotos., Karten, Stadtpläne.
ISBN 978-3-926145-41-3. € 18,90.
GPS-Roadbook-CD mit Navigationskoordinaten verfügbar!

Mobil Reisen: KROATIEN
Istrien, die Dalmatinische Küste und Kroatiens herrliche Adriainseln auf den schönsten Reisewegen erleben. Dieses praktische Reisehandbuch sagt Ihnen, wo's lang geht. U. a. mit Inseln Cres, Lošinj, Krk, Rab, Pag, Hvar, Korčula u. a., Makarska Riviera, Krka-Wässerfälle, Dubrovnik, Plitvicer Seen, Zagreb, sowie mit einer Fülle an Reisetipps, Infos zu Hotels und jede Menge Campingplätze.
Mit vor Ort erfassten GPS-Koordinaten.
264 S., zahlreiche Farbfotos, Karten, Stadtpläne, Stadtspaziergänge.
ISBN 978-3-926145-81-9. € 18,90.
GPS-Roadbook-CD mit Navigationskoordinaten verfügbar!

Mobil Reisen: LOIRETAL
Die schönsten Reisewege durch das Herz Frankreichs, der Landschaft, in der es sich leben lässt „wie Gott in Frankreich“. Nicht umsonst entstanden hier die prächtigsten Schlösser Frankreichs. Aber auch wer weniger das Historische als viel mehr kulinarische Erlebnisse sucht, wird in der Gegend um das Loiretal auf seine Kosten kommen. Und dieser Reiseführer sagt Ihnen wo's lang geht. Mit vielen Wohnmobil-Stellplätzen und mit vor Ort erfassten GPS-Navigationskoordinaten!
288 S., zahlr. Farbfotos, Karten, Stadtpläne, sowie viele Infos und die schönsten Camping- und Wohnmobilsstellplätze.
ISBN 978-3-926145-85-7. € 19,90.
GPS-Roadbook-CD mit Navigationskoordinaten verfügbar!

Mobil Reisen: NORWEGEN – Reisewege zum Nordkap
Komplett überarbeitet! Aktualisiert! Noch mehr Womo-Stellplätze! Neue Touren und zusätzliche Routen! Noch übersichtlicher!
Jetzt mit praktischen „Tourenpaketen“ zum Kombinieren, wie z. B. „Südnorwegen“, „Gletscher, Fjells und Fjorde“ oder „Finnmark und Nordkap“. Durchgehend farbig und noch mehr Fotos und Karten!
Verlässliche Kompetenz aus langjähriger Reiseerfahrung.
Mit vor Ort erfassten GPS-Koordinaten.
408 S., Stadtrundgänge, Wandervorschläge, viele Farbfotos, Karten, Stadtpläne, Hotels, sowie Reise-Infos in Fülle, dazu über 200 Campingplätze und zahlr. Stellplätze.
ISBN 978-3-926145-77-2. € 22,90.
GPS-Roadbook-CD mit Navigationskoordinaten verfügbar!

RAUS REISEFÜHRER „MOBIL REISEN“ UND „REGIONAL TOURS“

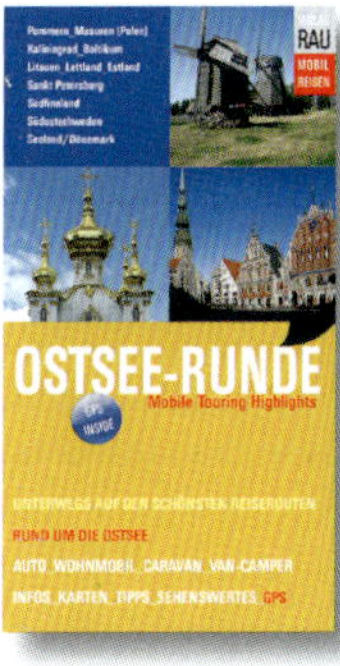

Mobil Reisen: OSTSEE-RUNDE
Auf überlegt ausgesuchten Routen und Touren die schönsten Gegenden Pommerns und Masurens, wunderschöne baltische Städte wie Vilnius, Riga und Tallinn, sowie die russische Perle Sankt Petersburg erleben. Reisen Sie über Finnland, Schweden und die dänische Insel Seeland zurück. Dieser Reiseführer hilft – ob Wohnmobil-Cruiser, Van-Camper-Tourer oder Caravaner – sowohl bei der Vorbereitung als auch auf der Reise unterwegs. Ein unvergessliches Reiseerlebnis!
432 S., Stadtrundgänge, zahlr. Farbfotos, Karten, Stadtpläne, sowie viele Infos und die schönsten Camping- und Wohnmobil-Stellplätze.
ISBN 978-3-926145-88-8. € 22,90.

Mobil Reisen: POLEN
Polen bequem auf eigene Faust kennen lernen. Über die Sudeten und über Schlesien, weiter durch die Karpaten, Zentral- und Ostpolen mit einem ausführlichen Teil über die Hauptstadt Warschau, durch Ermland, die Masurische Seenplatte, durchs Lebuser Land und über Pommern schließlich bis zur Ostseeküste. Alles in bequem nachvollziehbaren Reiserouten beschrieben.
Von Michael Moll, 240 S., viele Farbfotos; Karten, Stadt- u. Lagepläne, Stadtspaziergänge, Hotels und die schönsten Campingplätze.
ISBN 978-3-926145-73-4. € 19,90.

Mobil Reisen: PORTUGAL
Gesamt Portugal, vom grünen Norden bis zur sonnigen Algarveküste, vom kargen, ursprünglichen Alto Alentejo bis zu den Seebädern am Atlantik beschreibt dieser Band auf leicht nachvollziehbaren Touren, die einen kompletten Eindruck von diesem überaus interessanten Reiseland vermitteln. Besonders ausführlich die Weinstadt Porto und natürlich Lissabon, eine der schönsten Hauptstädte Europas. Mit vor Ort erfassten GPS-Koordinaten.
300 S., zahlr. Farbfotos, Karten, Stadtpläne, Hotels, sowie viele Infos und die schönsten Campingplätze.
ISBN 978-3-926145-64-2. € 19,90.
GPS-Roadbook-CD mit Navigationskoordinaten verfügbar!

RAUS REISEFÜHRER „MOBIL REISEN“ UND „REGIONAL TOURS“

Mobil Reisen: SARDINIEN

Ein Reiseziel mit ganz unerwarteten Attraktionen – zauberhafte Küstenszenerien, das größte Dünengebiet ganz Italiens, wunderschöne Seegrotten, mystische Nuraghen, geisterhafte alte Minenstädte und einer der spektakulärsten Canyons in Europa. Dieses Tourenbuch, gespickt mit jeder Menge Reisetipps, führt auf den schönsten Routen und Wohnmobil-Touren durch Sardinien. Mit Wohnmobil-Stellplätzen, Tipps zu Hotels und Restaurants, Campingplätzen. Mit vor Ort erfassten GPS-Navigationskoordinaten!

252 S., zahlr. Farbfotos, Karten, Stadtpläne.
ISBN 978-3-926145-62-8. € 18,90.
GPS-Roadbook-CD mit Navigationskoordinaten verfügbar!

Mobil Reisen: SCHOTTLAND

Schottland auf neuen Wegen erleben. Eine variantenreiche Rundreise – von den Borders bis zu den Highlands, von den Western Isles bis zu den Orkneys. Detaillierte Beschreibung von Edinburgh, Glasgow. Mit allen wichtigen Städten, Schlössern und Landschaften. Außerdem Essen und Trinken, Whisky, Clans, Tartans und Dudelsäcke, Wandern u.v.m.

336 S., zahlr. Farbfotos., Karten, Stadtpläne, Hotels, sowie viele Infos und die schönsten Campingplätze mit GPS-Koordinaten.
ISBN 978-3-926145-79-6. € 19,90.
GPS-Roadbook-CD mit Navigationskoordinaten verfügbar!

Mobil Reisen: SCHWEDEN - Mit Inseln Öland und Gotland

Komplett überarbeitet, aktualisiert! Noch mehr Wohnmobil-Stellplätze! 22 sorgfältig ausgewählte, vor Ort getestete Reise(mobil) routen und Autotouren durch die schönsten Landschaften, Städte und Regionen. Mit vielen Reisetipps und Informationen über Sehenswertes vom südlichen Schonen bis Lappland. Mit ausführlichem Stockholm-Teil, Stadtrundgänge u. a. durch Helsingborg, Göteborg, Uppsala, Kalmar, sowie die Inseln Öland und Gotland. Mit vor Ort erfassten GPS-Koordinaten.

348 S., zahlr. Farbfotos, Karten, Stadtpläne, sowie viele Infos und die schönsten Campingplätze. Mit Wohnmobil-Stellplätzen.
ISBN 978-3-926145-93-2. € 22,90.

Mobil Reisen: SKANDINAVIEN
Reiseziel Nordkap und mit Åland Iseln

Die große Tour zum Nordkap in bequem zu kombinierenden Reiserouten. Mit neuen Touren und vielen Streckenvarianten durch alle vier nordischen Länder – Dänemark, Norwegen, Schweden und Finnland. Ausführliche Beschreibung der Hauptstädte. Übersichtlich, informativ, kompetent. Mit vor Ort erfassten GPS-Koordinaten.
468 S., zahlr. Farbfotos, Karten, Stadtpläne, sowie viele Infos und die schönsten Campingplätze und viele Wohnmobil-Stellplätze.
ISBN 978-3-926145-94-9. € 24,90.

Mobil Reisen: SPANIEN NORD

Spaniens Norden von den Stränden der Costa Brava über die Pyrenäen, durch das grüne Galicien mit dem Pilgerziel Santiago de Compostela bis ins Herz Kastiliens mit den Hochburgen von Kunst, Kultur und Geschichte wie Salamanca oder Segovia.
Ausführlich: Der Jakobsweg.
Paradores, Restaurants und die schönsten Camping- und Wohnmobilstellplätze. Mit vor Ort erfassten GPS-Koordinaten.
300 S., zahlr. Farbfotos; Karten und Stadtpläne.
ISBN 978-3-926145-91-8. € 22,90.

Mobil Reisen: SPANIEN SÜD

Eine gelungene Mischung aus Kunst, Kultur, Information und Reisetipps. Ein kompletter Reiseführer, der mehr als nur Routen und Touren bietet. Vom Mittelmeer ins Herz Kastiliens, auf den Spuren der Conquistadores, weiße Dörfer, maurische Paläste und der sonnige Süden Andalusiens. PLUS: Madrid City Guide.
Mit vor Ort erfassten GPS-Koordinaten.
Ca.312 S., zahlreiche Farbfotos, Karten und Stadtpläne. Stadtspaziergänge, Campings, Wohnmobil-Stellplätze u. v. m.
ISBN 978-3-926145-69-7. € 22,90.
GPS-Roadbook-CD mit Navigationskoordinaten verfügbar.

RAUS REISEFÜHRER „MOBIL REISEN" UND „REGIONAL TOURS"

Mobil Reisen: TOSKANA - Mit Florenz und Insel Elba
Wiege der Renaissance, altes Zentrum von Kunst, Kultur und Wissenschaft und natürlich Eldorado für Weinliebhaber und ein wahres Paradies für kulinarische Entdecker. Ein Wohnmobilführer mit bequem zu kombinierenden Reiserouten durch die gesamte Toskana, mit Elba.
Großer Florenz-Teil sowie alle wichtigen Städte, Landschaften und Sehenswürdigkeiten. Mit vor Ort erfassten GPS-Koordinaten.
300 S., zahlr. Farbfotos, Hotels, Restaurants, Camping- u. Reisemobil-Stellplätze, Kartenskizzen, Stadtpläne und viele Infos.
ISBN 978-3-926145-70-3. € 19,90.
GPS-Roadbook-CD mit Navigationskoordinaten verfügbar.

Mobil Reisen: UMBRIEN, MARKEN - Mit San Marino
Auf den schönsten Reiserouten durch die mittelitalienischen Regionen Umbrien und Marken. Reisen Sie von der sehenswerten Hauptstadt Umbriens Perugia über das prächtig gelegene Orvieto bis an die Ufer des Lago di Bolsena, weiter über die einladenden Höhen der Sibellinischen Berge an die adriatische Küste und in die älteste Republik Europas, San Marino. Mit vor Ort erfassten GPS-Koordinaten.
240 S., zahlr. Farbfotos, Hotels, Restaurants, Camping- u. Reisemobil-Stellplätze, Kartenskizzen, Stadtpläne und viele Infos.
ISBN 978-3-926145-76-5. € 19,90.
GPS-Roadbook-CD mit Navigationskoordinaten verfügbar.

Weitere Titel sind in Vorbereitung!
Fragen Sie im Buchhandel nach unseren aktuellen Neuerscheinungen.
Oder besuchen Sie uns im Internet:

https://www.rau-verlag.de

http://www.mobil-reisen.eu

Weekend/Regional Tour: SCHWÄBISCHE ALB, LAUTER-/LONETAL,

Vorliegend: 1. Auflage 2023/2024